Wiele | ABBA. 100 Seiten

AF177375

✳ Reclam 100 Seiten ✳

JAN WIELE, geb. 1978, ist Redakteur im Feuilleton der *Frankfurter Allgemeinen Zeitung* mit den Schwerpunkten Literatur und Popmusik. Bei Reclam erschien zuletzt der gemeinsam mit Uwe Ebbinghaus herausgegebene Band *Drop It Like It's Hot. 33 (fast) perfekte Popsongs*.

Jan Wiele

ABBA. 100 Seiten

RECLAM

2023 Philipp Reclam jun. Verlag GmbH,
Siemensstraße 32, 71254 Ditzingen
Umschlaggestaltung: Philipp Reclam jun. Verlag GmbH
nach einem Konzept von zero-media.net
Infografik (S. 80 f.): annodare GmbH, Agentur für Marketing
Bildnachweis: S. 3, 69: © Trinity Mirror / Mirrorpix / Alamy Stock
Photo; S. 9, 23: © Imago / TT; S. 20, 53: © Keystone Press / Alamy
Stock Photo; S. 25: © roger tillberg / Alamy Stock Photo; S. 51, 67:
© Universal Images Group North America LLC / Alamy Stock Photo;
S. 76: © Zuma Press, Inc. / Alamy Stock Photo; S. 85: © Classic Picture
Library / Alamy Stock Photo; S. 92: © Imago / Zuma/Keystone;
S. 98: © PA Images / Alamy Stock Photo; Autorenfoto: © Bonera
Umschlagmaterial: Creative Print, Schabert
Druck und Bindung: Esser printSolutions GmbH,
Untere Sonnenstraße 5, 84030 Ergolding
Printed in Germany 2023
RECLAM ist eine eingetragene Marke
der Philipp Reclam jun. GmbH & Co. KG, Stuttgart
ISBN 978-3-15-020708-6

Auch als E-Book erhältlich

www.reclam.de

Für mehr Informationen zur 100-Seiten-Reihe:
www.reclam.de/100Seiten

Inhalt

Playlists zum Buch

Die Playlists zum Mithören (siehe S. 100) finden Sie online unter https://www.reclam.de/abba bzw.

Weltmusik aus Viggsö

Über den Bildschirm irgendeiner Karaokebar läuft irgendwo auf der Welt genau jetzt, in diesem Moment, der schrittweise sich von Grün zu Rot färbende Text von »Dancing Queen«, und jemand singt dazu: »Friday night and the lights are low / Looking out for a place to go«. Vielleicht ist es ein einsamer älterer Mann, der die Zeilen mit Elvis-Stimme ins Mikrofon säuselt, während hinten in der Bar jemand betreten zu Boden schaut; vielleicht ist es eine junge Frau, die gerade ihre erste Trennung erlebt hat, was sie selbst und andere zu Tränen rührt und dann doch zum Tanzen führt. Vielleicht sind es zwei junge Mädchen, die von weiteren Freundinnen angefeuert werden; vielleicht ist es ein queeres Paar, das sich gegenseitig versichert: »You are the dancing queen«. Oder es ist eine nicht genau erkennbare Person mittleren Alters, die man nur von hinten sieht, wie sie sich im ABBA-Museum in Stockholm eher verstohlen in die Karaokekabine begibt, in der jeder für sich, unter Kopfhörern versteckt, spielerisch zum ABBA-Mitglied werden kann – und die dann aber, als sie sich selbst in einer Animation zwischen den tatsächlichen Bandmitgliedern auf der Bühne sieht, völlig aus sich herausgeht: »You can dance, you can jive / Having the time of your life«.

ABBA holt alle ab. Auch die, die das zunächst nicht erwartet haben oder sich dagegen sträuben. Aber gegen gewisse ABBA-Songs ist man einfach machtlos, sie überwältigen einen, ob mit Euphorie oder auch mit Trauer. ABBA ist eine Band der extremen Gefühle, verwandelt in Musik und Text. Und ABBA löst extreme Reaktionen aus – ob jene kreischender Fans, die den geläufigen Impressionen der Beatlemania kaum nachstehen und deshalb auch den Begriff Abbamania geprägt haben, oder solche der heftigen Abwehr: Diese Klänge, diese Kostüme seien doch der reinste Kitsch!

Von denen, die bereits erwachsen waren, als ABBA bekannt wurde, oder die mit der Musik aufgewachsen sind, hört man immer wieder den Satz, dass man die Band »damals ja nicht gut finden durfte«. Oft gefolgt von der Äußerung: »Aber ich fand sie eigentlich trotzdem gut.« Auch für die professionelle Kritik galt und gilt ABBA als *guilty pleasure*, also als etwas, was man nur heimlich und »schuldbewusst« goutieren darf. Ein schwedischer Musikjournalist erinnert sich in einer Fernsehdokumentation, dass die Gruppe in den 1970er Jahren in ihrer Heimat ein »No-Go« gewesen sei: so peinlich, dass man sich nicht getraut habe, über sie zu schreiben. Für den amerikanischen Rockkritiker Robert Christgau war sie schlicht »der Feind«.

Alles Mögliche ist gegen ABBA einzuwenden. Aber wenn man den jeweiligen Einwand prüft, lässt sich doch oft schnell ein Gegenargument finden. Sie seien keine echten Rocker – nein, eingestandenermaßen nicht, und dennoch haben sie bemerkenswerte, auch bemerkenswert harte Rocksongs aufgenommen; sie seien nur auf den Discozug aufgesprungen – von wegen: Sie haben das Disco- und Electrogenre entscheidend geprägt und inspirieren damit die Tanzmusik bis heute; sie

Auf dem Weg zur Insel: ABBA 1974

machten nur billige Schlagermusik – wer das behauptet, muss verrückt sein.

Für die Nachgeborenen, die erst in den späteren Achtzigern, in den Neunzigern oder in der Zeit bis heute auf ABBA aufmerksam wurden und werden, stellt sich die Frage der Haltung zu ihnen etwas anders, aber auch nicht unbedingt auf einfachere Weise: Zum einen setzte nach dem vermeintlichen Ende der Gruppe von 1982 schon wenige Jahre später ein ABBA-Revival ein, das sie noch größer und erfolgreicher machte – und damit zu einer regelrechten Industrie, siehe die Kompilation *ABBA Gold*, eines der erfolgreichsten Alben aller Zeiten, sowie das ABBA-Musical *Mamma Mia!* und dessen Verfilmung. Zum anderen ist man seit den 1980ern mit einer Fülle von ABBA-Parodien und witzig-kritischen, aber auch gehässigen Bezugnah-

Einflussangst? Einflusslust!

Ihre Einflüsse und Vorbilder zu benennen, haben Benny Andersson und Björn Ulvaeus sich nie gescheut. Immer wieder haben sie dabei vor allem die Beatles und die amerikanischen Songschreiberduos Leiber/Stoller und Goffin/King erwähnt. Ausführlich hat sich Benny Andersson zu diesem Thema anlässlich der Aufnahme ABBAs in die Rock and Roll Hall of Fame 2010 geäußert. Er blickte zurück auf erste Hörerlebnisse mit einem schwedischen Radiosender in den 1950er Jahren, der Klassik, Jazz, italienische Arien und französische Chansons, deutschen Schmalz und Märsche von John Philip Sousa gespielt habe; außerdem nannte er zusätzlich zu den bereits genannten Einflüssen die Beach Boys, Joni Mitchell, Chuck Berry und die Kinks. Vom amerikanischen Blues indes habe ABBA nichts geerbt. Das war aber wohl auch gar nicht nötig, denn, so Andersson, wer oberhalb des 59. Breitengrades lebe, wo die Sonne für zwei Monate im Jahr verschwinde und es sechs Monate lang schneie, der stamme ja ohnehin aus dem »Melancholiegürtel«. Die daraus resultierende Niedergeschlagenheit spüre man etwa innerhalb der schwedischen und russischen Volksmusik, in den Werken des Norwegers Edvard Grieg und des Finnen Jean Sibelius oder in den Filmen Ingmar Bergmans oder in der Stimme Greta Garbos – und in so manchen ABBA-Melodien setze sie sich fort, so Andersson.

men konfrontiert. Alles zusammen macht es eher noch schwerer, sich zu ihnen zu bekennen.

Gewiss, ABBA ist in mancher Hinsicht Kitsch – aber ebenso wird man feststellen müssen, wie komplex manche Komposition ist und womöglich auch wie hintergründig und gewitzt, in der Musik wie im Text. Gleiches lässt sich über Arrangement und Produktion sagen. Darüber hinaus ist sehr vieles an dieser Band wirklich erstaunlich, fast schon sagenhaft. Eine Band, in der alle Mitglieder vor der Gründung schon auf Schwedisch singend erfolgreich waren und dann auf Englisch singend zu Weltstars wurden. Zwei Liebespaare, deren Songs sich oft wie eine persönliche Beziehungsbiographie verstehen lassen und dabei gleichzeitig überindividuell und universell verständlich sind, die verstanden und geschätzt werden von Menschen verschiedener Generationen, verschiedener sexueller Identität und Orientierung. Eine Band, die wohl die längste Pause der Popgeschichte eingelegt hat, und die dann, fast vierzig Jahre nach ihrer Auflösung, ein umjubeltes Comeback feierte. Und schließlich eine Band, die lange für eine gewisse Traditionalität stand und die dann im hohen Alter noch einmal die neueste Technik umarmt hat, um sich in einem eigens geschaffenen Theater in digitale Avatare aus der Phase ihres größten Erfolgs zu verwandeln und dort wohl auch weit über ihren Tod hinaus fortzuleben!

Diese sagenhafte Band kommt, zugespitzt gesagt, aus dem Wald und ihre Musik aus einer kleinen Hütte. ABBA ist im Herzen eine Folkband, man könnte sogar sagen: eine Volksmusikgruppe, wenn der Begriff im deutschen Sprachraum nicht durch die deutsche Geschichte etwas anders konnotiert wäre. In vielen anderen Ländern ist der Unterschied zwischen Folk- und Volksmusik weniger groß, und es gab nicht jenen tiefen Bruch, der alles Volkstümliche und auch das Romantische bis heute verdächtig wirken lässt. In Schweden ist die Popmusik, nicht nur die von ABBA, noch deutlicher aus der Tradition der volkstümlichen Musik hervorgegangen als anderswo. Die musikalische Entwicklung der Bandmitglieder von ABBA geht zudem einher mit dem internationalen Folk-revival, das ab den ausgehenden 1950er Jahren besonders Amerika und England erfasst hatte und das dann, während wenige Hardliner treu am traditionellen Folk festhielten, immer wieder Transformationen durchlief und neue Genres hervorbrachte. Die produktive Auseinandersetzung mit der eigenen Folktradition zeigt sich in Schweden zu jener Zeit exemplarisch etwa an dem wegweisenden Album *Jazz på svenska* (›Jazz auf Schwedisch‹) von Jan Johansson, das 1964 erschien. Der bei einem Unfall 1968 früh verstorbene Pianist experimentierte darauf und auf Folgewerken genresprengend, indem er etwa *blue notes* in die alten Volksweisen injizierte oder diese mit seinem Jazztrio völlig sprengte.

Für die Entwicklung der Popmusik in Schweden sind ferner die sommerlichen Festivals in den »Folkparken« von kaum zu überschätzender Bedeutung: »Seit den 1930er Jahren wurden im gesamten Land Tausende kleiner Bühnen errichtet, auf denen Folk-, später auch Rock- und Popbands auftreten können. Diese Folkparks funktionieren als perfekte Präsentationsplattformen für neue schwedische Künstler, aber auch viele internationale Stars wie Frank Sinatra spielen auf diesen Bühnen«, schreiben Philipp Krohn und Ole Löding über die schwedische Musikszene, aus der ABBA hervorging. Insbesondere der Austausch zwischen den nationalen und internationalen Musikerinnen und Musikern habe die Entwicklung beflügelt. Hinzu kamen die jährlichen *Melodifestivalen*, die als Vorentscheid über den schwedischen Beitrag zur jeweiligen Ausgabe des *Grand Prix Eurovision de la Chanson* dienten. Und schließlich gab es die schwedische Hitparade namens *Svensktoppen*, die im Oktober 1962 in Svärtinge erstmals im Radio auf Sendung ging und die trotz mancher Veränderungen bis heute existiert. Sie dient dazu, einheimische Musik zu fördern und sie bekannt zu machen.

Ohne diese Faktoren, die die populäre Musik in Schweden in den 1960er und -70er Jahren maßgeblich bestimmen, wäre all das, was später charakteristisch für ABBA wurde, undenkbar. Agnetha Fältskog, Björn Ulvaeus, Benny Andersson und Anni-Frid ›Frida‹ Lyngstad hatten sich vor dem Erfolg als Gruppe schon individuell jahrelang regelrecht wundgesungen auf den besagten Folkparkfestivals und für den Erfolg in den *Svensktoppen*. Jedes einzelne Mitglied war mit allen Wassern der traditionellen Musik gewaschen. Und alle hatten, in unterschiedlichen, aber verwandten Genres, schon vieles ausprobiert und reiche Erfahrungen auf der Bühne wie im Studio gesammelt, bevor es zur Bildung der All-Star-Band – denn nichts anderes ist ABBA – kam.

Wann genau ABBA gegründet wurde, ist gar nicht so leicht zu bestimmen. Denn es handelte sich vielmehr um eine Gründungsphase in den Jahren 1972 bis 1973, der schon viele private und musikalische Kontakte vorausgegangen waren. Wie Björn Ulvaeus einmal einer britischen Zeitung erzählte, begegnete er Benny Andersson zum ersten Mal bei einem schwedischen Sommermusikfestival 1964, bei dem beide mit ihren damaligen Gruppen auftraten. Er habe Benny sofort gemocht, dessen trockenen Humor geschätzt und erkannt, was für ein musikalisches Schwergewicht Andersson sei. Etwa ein Jahr später, nach der zweiten Begegnung, seien sie zusammen etwas trinken gegangen und hätten dann auch gleich ihren ersten gemeinsamen Song geschrieben. 1967 sei Ulvaeus dann bei einer Tour für Anderssons Gitarristen eingesprungen. Das war der Beginn einer langen Freundschaft – und der eines bedeutenden Songschreiberduos der Popmusik.

Bei den Begegnungen der Frauen mit den Männern gehen Berichte und Erinnerungen etwas auseinander. Ulvaeus will Agnetha Fältskog 1967 zum ersten Mal begegnet sein, und er glaubt, Benny Andersson und Anni-Frid Lyngstad hätten sich einige Monate später erstmals getroffen. Carl Magnus Palms großer ABBA-Bandgeschichte zufolge hat Ulvaeus sowohl Lyngstad als auch Fältskog erstmals Anfang 1968 im Fernsehen beobachtet. An Lyngstad habe er bewundert, dass sie ein eigenes Lied auf Schwedisch sang. Und über das »junge Mädchen« Agnetha Fältskog habe er angesichts ihres Fernsehauftritts gedacht, sie werde es bestimmt zu etwas bringen. Glaubt man Palm, sind sich Anni-Frid Lyngstad und Benny Andersson wohl erst im Frühjahr 1969 persönlich begegnet. In Agnetha Fältskogs Buch *As I Am* (1997) ist zu lesen, wie sich die Sängerin bei einer Fernsehaufzeichnung 1969 an der schwedischen Westküste in Ulvaeus verliebt, künstlerische Gemeinsamkeiten festgestellt und sofort erkannt habe, dass Björn »Heiratsmaterial« sei. Dort wiederum steht auch, Benny und Anni-Frid seien sich erst 1970 begegnet.

Vielleicht war die Zeit für alle Beteiligten um 1970 einfach so schön, dass sie im Rückblick etwas verschwimmt – jedenfalls bestanden dann bald die beiden Liebespaare, und auch im Studio und auf der Bühne kam es zu fruchtbarer Zusammenarbeit. Wenngleich diese für die beiden Frauen zunächst die Rolle von Backgroundsängerinnen bedeutete, reifte wohl die Einsicht, dass sie besser im Vordergrund stehen sollten. Mit dem Rampenlicht war jedes einzelne Mitglied von ABBA lange vor dem Bestehen der Band vertraut, und die gemeinsame musikalische Leistung lässt sich besser begreifen nach einem kurzen Rückblick auf die je individuelle.

Björn Ulvaeus spielte schon 1961 als Schüler in einer Skiffle-

Summer Night City: Abendstimmung bei der *ABBA Folkpark Tour* in Västervik, 1975

gruppe, die schwedische Traditionals im Programm hatte und sie dann weiterentwickelte. Die Hootenanny Singers wurden recht erfolgreich, und Ulvaeus komponierte auch für andere.

Benny Andersson stammt aus einer Familie von Akkordeonspielern, die schwedische Volksweisen liebten, also begann er auch selbst in dieser Tradition zu musizieren. 1964 war er Mitglied einer Gruppe namens Elverkets Spelmanslag (›Kraftwerk-Spielmannsvereinigung‹), bevor er die Orgel bei den Hep Stars bediente, die man auch als die schwedischen Beatles bezeichnet. Aber auch diese hatten noch das Spielmannsgen. Ihr Lied »Speleman« (1969) handelt von einem einsamen Geiger auf Wanderschaft, »das Herz schwarz und die Wange kalt«, der, man ahnt es bereits, dennoch »leicht und sanft und schön«

zu spielen vermag: eine Hobophantasie auf Schwedisch, in der Figurationen des fahrenden Sängers aus Mittelalter, Romantik und Folkrevival überblendet werden. Die Hep Stars wurden zur bis dahin erfolgreichsten Popgruppe des Landes – dies zugegebenermaßen mit vornehmlich englischsprachigen Hits, die schon eine Brücke zu ABBA bildeten.

Agnetha Fältskog hat angeblich schon im Alter von sechs Jahren ihr erstes Lied mit dem Titel »Två små troll« (›Zwei kleine Trolle‹) geschrieben. Zu Beginn ihrer Solokarriere, die schon im Alter von siebzehn Jahren begann, war auch sie nicht nur dem schwedischen Lied verbunden. Aber als erfolgreiche Schlagersängerin, die 1967 ihren ersten Solohit mit dem von ihr selbst geschriebenen »Jag var så kär« (›Ich war so verliebt‹) landete, anverwandelte sie sich auf ihren ersten drei Alben vor der Zeit mit ABBA einen um den anderen international bekannten Song in schwedischer Sprache – zum Beispiel den durch Petula Clark bekannten »Melody Man« als »Spela vår sång« oder Mireille Mathieus Ballade »La première étoile« als »En sång och en saga«. Als Funfact könnte man noch erwähnen, dass Agnetha Fältskog auch kurz versuchte, in der deutschsprachigen Rootsmusik des Schlagers Karriere zu machen: Hier sang sie um 1969 Titel wie »Fragezeichen mag ich nicht« oder »Ein kleiner Mann in einer Flasche«.

Anni-Frid Lyngstad, die eigentlich eher vom Jazz kam und mit Benny Andersson als ihrem Produzenten und Komponisten ebenfalls auf die Erfolgsstraße des Schwedenschlagers abbog, träumte in ihrem 1972 an der Spitze der *Svensktoppen*-Charts stehenden Lied »Man vill ju leva lite dessemellan« (›Man möchte dazwischen auch etwas leben‹), das vom Hamsterrad der modernen Arbeitswelt handelt, davon, die laute Stadt gegen ein bisschen Ruhe und Frieden außerhalb einzutauschen.

Ländliche Idylle: Anni-Frid
Lyngstads Single »Man vill ju
leva lite dessemellan«, 1972

Das ist der Folktraum schlechthin und auch jener vieler Hippies, wie er sich zur selben Zeit etwa in Stadtfluchtsongs von David Crosby (»Traction in the Rain«) oder Canned Heat (»Going Up the Country«) manifestiert.

*

Wir halten fest: Alle vier ABBA-Mitglieder waren tief in der heimatlichen Musiktradition verhaftet. Und der Manager und Komponist Stig Anderson, ohne den es ABBA wohl gar nicht gäbe und der nicht selten als fünftes Bandmitglied bezeichnet wird, hat noch vor den vieren auf verschiedene Weise mit Texten und Melodien zwischen schwedischer und internationaler Popmusik experimentiert. Damit ebnete er überhaupt erst den Weg, den die Gruppe später einschlug. Stig Anderson stammte aus ärmlichen Verhältnissen, wuchs in einer Hütte auf, und seine ersten musikalischen Kompositionen handelten von

Tanzfesten im Wald. 1954 bereits hatte er ein Lied mit dem Titel »Det blir inget bröllop på lördag« (›Es wird am Samstag keine Hochzeit geben‹) geschrieben, das von sieben verschiedenen Interpreten aufgenommen wurde, und 1959 schrieb er eines mit dem großartigen Titel »Är du kär i mig ännu, Klas Göran?« (›Bist du immer noch verliebt in mich, Klas Göran?‹). Was für einen langen Vorlauf der spätere *Grand Prix*-Erfolg ABBAs mit dem sonderbaren Liebeslied »Waterloo« hat, zeigt sich übrigens auch daran, dass Stig Anderson für die Hep Stars schon 1969 einen Liedtext geschrieben hatte, um sie damit bei der schwedischen Vorauswahl für den Wettbewerb anzumelden: »Ljuva Sextiotal« (›Süße Sechziger‹) war eine Art *topical song* über die vorausgegangene Dekade, der diese ironisch reflektierte und sich über altmodische Moral und beginnende Umweltzerstörung mokierte. »Damals begannen sie damit, Stockholm zu zerstören«, heißt es etwa darin. Das Lied fiel aber schon bei der Vorauswahl des *Melodifestivalen* durch.

Das Erbe von Folk und Volkstümlichkeit sehen viele auch bei ABBA fortwirken. Carl Magnus Palm, den man als den maßgeblichen Bandbiographen bezeichnen darf, hört in ihren Liedern das »wehmütige Flüstern in den Wipfeln der Tannen der ausgedehnten schwedischen Wälder«: ABBAs Entwicklung sei »tief in der Geschichte und geographischen Lage des Landes verwurzelt«. Das ist vielleicht etwas übertrieben, zumal Palm im Leben der Bandmitglieder sogar eine »nordische Saga« verwirklicht sehen will. Aber es gibt ihm recht, dass Björn Ulvaeus gegenüber dem britischen *Guardian* selbst einmal von einer »nordischen Melancholie« bei ABBA gesprochen hat, und Palms Einschätzung ist zudem hilf- und aufschlussreich für jene, denen beim ersten Gedanken an ABBA Discosounds und modische Avantgarde (im Guten wie im Schlechten) der 1970er einfallen. Der zweite Blick auf den Werkkatalog offenbart indes sehr bald Stücke, die man ohne Zögern der Folk- oder Volksmusik zuordnen könnte: etwa das dudelsackselige »The Way Old Friends Do« oder auch, trotz seines Arrangements als moderne Tanzmusik, das Hottelied »The Piper«, in dem ein nicht näher definiertes »we« zu einer »strange melody« um den Mond tanzt, unterbrochen von Flötenpassagen. Man stellt sich dabei eine archaische Menschengruppe bei einem heidnischen Kult vor; ein lateinischer Chor mit der Zeile »sub luna saltamus« sorgt für einen Zug ins Sakrale. Auch die Nähe zum Spiritual, also einer Form des religiösen volkstümlichen Liedes, ist bei ABBA nicht von der Hand zu weisen. Noch viel deutlicher wird das zum Beispiel bei »I Have a Dream«, das mit seiner Refrainzeile »I believe in angels« sogar schon manche Predigt inspiriert hat.

Wie wohl keine andere Musikgruppe hat ABBA es verstanden, mit ganz verschiedenen Songs ganz verschiedene Menschen und Bevölkerungsschichten nicht nur in der westlichen, sondern in aller Welt anzusprechen. Ihre schwedische Herkunft hat sie dabei, trotz des Wechsels ins Englische als Singsprache, nicht versteckt, sondern geradezu zu einem Markenzeichen gemacht. Das zeigt sich exemplarisch auch an einer Art Mythos um die Entstehung der ABBA-Songs in einer Hütte auf der Schäreninsel Viggsö nahe Stockholm.

In diesem Mythos, der schon früh medial verstärkt wurde durch Filmaufnahmen in dem TV-Special *ABBA-Dabba-Doo* (1976), zeigt sich eine Art Inbegriff Skandinaviens, eine Verbindung aus *hygge*-Wohngefühl in der unberührten Natur und dem oft beschworenen Arbeitsethos des Songschreiberduos Ulvaeus/Andersson. Auf der Insel, fernab der Zivilisation, fielen den beiden angeblich die Lieder ein, die heute fast jeder kennt. Wie Björn Ulvaeus sich noch 2023 in einem Interview für dieses Buch erinnerte, geschah das etwa so:

> Agnetha und ich hatten da ein Grundstück gekauft, und es gab diese kleine Hütte, etwa fünfzig Meter entfernt vom Haus, ganz oben auf dem Hügel. Sehr klein, aber mit phantastischem Ausblick. Dann kauften auch Benny und Frida sich etwas in der Nachbarschaft, kaum zehn Minuten entfernt. Im Sommer zog ich mich mit Benny zum Songschreiben in die Hütte zurück. Er war morgens der Erste und saß am Klavier, ich hörte ihn, machte Kaffee und kam mit meiner Gitarre dazu – so war es wirklich.

So ähnlich erfährt man es auch im ABBA-Museum in Stockholm, das hinter Glas eine Nachbildung des Innenraums jener Hütte präsentiert. In einer schönen Magazinstrecke für die Zeitschrift *Mare* (2018) wurde auch das Äußere dokumentiert: Die Fotos von den Aufenthalten der Band auf Viggsö regen alle möglichen Phantasien an und changieren zwischen »sexy im Sommercamp« und »Familienausflug mit Bootspicknick«. Viggsö sei der Ort für Auszeiten nach Konzertreisen geworden und auch für solche von der Öffentlichkeit: »Selbst die Nachbarn hielten Abstand. Nur am 24. Juni ging es jedes Jahr rund, dann feierte die ganze Insel das Mittsommerfest. Man tanzte um den Maibaum, Andersson spielte schwedische Folksongs auf dem Akkordeon, Björn Ulvaeus begleitete ihn auf der Gitarre, und alle sangen mit«, schreibt Christoph Dallach in seiner Recherche.

Die Arbeitsweise von Benny Andersson und Björn Ulvaeus beim Songschreiben auf Viggsö kann man sich wohl in etwa so vorstellen, wie sie inzwischen Herbert Grönemeyer mit dem

Stichwort »Bananentext« auf den Punkt gebracht hat: endloses Herumprobieren an Melodien und Passagen vorerst mit spontan entstehenden englischen Nonsenstextbausteinen, aus denen dann in einem Prozess der Überarbeitung und Verfeinerung – im Falle von ABBA aber oft auch: Vereinfachung – eingängige Songs werden.

Besonderen Reiz hat eine Anekdote, laut der die ABBA-Männer sich einmal im Winter mit einem Helikopter auf der Insel absetzen ließen, um in der Abgeschiedenheit zu komponieren. Doch es wurde so kalt, dass die Heizung in der Hütte nicht ausreichte und sie das Klavier im Schnee den Hügel hinunterbugsieren mussten in ein größeres Haus. Dort sei dann in der folgenden Nacht und mit Hilfe des geretteten Klaviers das Lied »The Winner Takes It All« entstanden – und spätestens an dieser Stelle muss man sagen: Wenn es nicht stimmt, ist es sehr hübsch erfunden.

Das Bild der Hütte scheint aber auch in der musikalischen Vorgeschichte von ABBA schon einmal auf, wenn man etwas gräbt: Mit seiner ersten Band, den Hootenanny Singers aus seiner Heimatstadt Västervik, sang Björn Ulvaeus ein Lied namens »Omkring tiggarn från Luossa«. Das heißt übersetzt ›Über den Bettler von Luossa‹. Und Luossa ist der Name einer Hütte im gleichnamigen Gedicht von Dan Andersson, der von 1888 bis 1920 selbst in einer so bezeichneten Hütte in Mittelschweden lebte und von Charles Baudelaire beeinflusst war. Das Gedicht, eine rätselhafte Jenseitsvision, entstammt seiner 1917 veröffentlichten Sammlung *Svarta Ballader* (›Schwarze Balladen‹) und wurde mehrfach vertont. Auch wenn manches am Text rätselhaft ist, versteht jeder, dass es sich um eine romantisch-lyrische Urszene dreht: »Alle Leute saßen in einem Kreis um den Bettler von Luossa, und am Lagerfeuer hörten sie sein Lied«, lautet der Beginn in der Übersetzung. Die Version der Hootenanny Singers von »Omkring tiggarn från Luossa« wurde ihr erfolgreichster Song, wie Björn Ulvaeus sich anlässlich des Todes seines damaligen Mitmusikers Hansi Schwarz noch gut erinnerte. Sie erreichte 1972 Platz 2 der *Svensktoppen* und war dort für ein Jahr vertreten.

Die Hütte steht somit als wirkmächtiges Motiv sowie als Erfolgsgarant schon vor dem Beginn von ABBA, und die Band hat dieses Motiv dann spielerisch in ihre Legende eingebaut. Das kommt nicht von ungefähr, denn mit der Herkunft aus einer einfachen Hütte verbinden sich, neben tief in der europäischen Kultur verankerten Assoziationen zur biblischen Weihnachtsgeschichte, insbesondere auch solche zur Herkunft der Folk- und Bluestradition. Immer wieder haben sich Musizierende in entlegene Hütten zurückgezogen, um dort im Banne dieser kulturgeschichtlichen Ursprünge zur Quelle ihrer Kreativität vorzudringen. Man denke etwa an Johnny Cash, der sich eine alte »log cabin« in Hendersonville als Rückzugsort kaufte, oder an Bob Dylan und The Band in Woodstock – wobei das dortige »Big Pink« zugegebenermaßen schon eine etwas größere Hütte war und Johnny Cash die seine dann zu einem Luxusanwesen umgestalten ließ. Die Stimmung in Joni Mitchells märchenhaft schönem Holzhaus im kalifornischen Laurel Canyon hat nicht nur ihre eigene Musik, sondern noch viele andere maßgeblich inspiriert. Sting will die Songs für das Album *Mercury Falling*, die wohl besten seiner Karriere, in einer kleinen Hütte am See im englischen Wiltshire geschrieben haben, und der Singer/Songwriter Bon Iver die für sein Debütalbum *For Emma, Forever Ago* in einer solchen in Eau Claire, Wisconsin.

Während in einigen der genannten Fälle eine Art Rückzugsmusik entstanden ist, haben Benny Andersson und Björn

Ulvaeus auf Viggsö nicht klein gedacht und sind in ihren Einfällen nicht nur um das eigene Zimmer gereist. Die ABBA-Songs, die angeblich in der Hütte entstanden, waren anschlussfähig in aller Welt, und sie wurden Welthits. Unter ihnen sind »Fernando«, »Dancing Queen«, »Slipping Through My Fingers« und eben »The Winner Takes It All«. Dieses traurige Lied ist eines der wirkungsvollsten von ABBA überhaupt, zumal es damals den Anfang vom Ende zu besiegeln schien – aber ist unter all seinen Bedeutungsfacetten vielleicht auch eine materialistische, die den Stolz auf das Erreichte beschwört? Was das Materielle angeht, wird man angesichts der Hüttenromantik einwenden können, dass ABBA sich von der Einfachheit der Bretterbude schon recht bald entfernt hat, selbst wenn die schwedischen Weltstars, die schon in den 1970ern Millionäre wurden und heute zu den Superreichen gehören, sonst in mancher Hinsicht bodenständig geblieben sein mögen. Björn Ulvaeus, der vor einigen Jahren wegen angeblicher Steuerhinterziehung in Schweden auffiel und den geforderten Millionenbetrag zahlte, auch wenn er im Rechtsstreit später obsiegte, betont immerhin noch heute, wie sehr er Schweden schätze und dass er sich nicht vorstellen könne, nach Los Angeles, New York oder London zu ziehen. Als Pointe mag es manchen erscheinen, dass Ulvaeus, nachdem er zunächst gerne nach Viggsö zurückgekehrt ist und nach dem vermeintlichen Ende von ABBA dort in den 1990er Jahren sogar vorübergehend mit seiner neuen Familie lebte, sich inzwischen eine größere Villa in Stockholm gekauft hat – und die Insel, auf der sie liegt, gleich dazu.

Wem das zu viel Realität ist und wer verstehen möchte, welcher phantastische Reiz von der Hütte in Viggsö ausgeht, der muss sich den Abspann von Lasse Hallströms 1977 ins Kino gekommenen Film *ABBA – The Movie* anschauen. Der ganze Film davor ist sagenhaft langweilig, aber allein wegen des Hüttenabspanns lohnt er sich. Man sieht darin nicht nur Benny und Björn, sondern auch Agnetha und Anni-Frid hinter dem großen Schaufenster der Hütte, singend und winkend wie in einem Traum – wie sich bald herausstellt, vom Hubschrauber aus gefilmt, so dass die Kamera immer weiter herauszoomen kann und bald die tiefgrün bewaldete kleine Insel, dann das Wasser drumherum, dann der Schärengarten in seiner Schönheit zu sehen ist, bis auch er in der Ferne verschwindet. Es wirkt wie eine bildliche Metapher für die Weltvergrößerung, die ABBA innerhalb weniger Jahre erlebt hat (der Film davor hat etwa ausgiebig ihre umjubelte Konzerttournee durch Australien gezeigt) – und ist doch zentriert um die wenige Quadratmeter große Keimzelle ihrer Kreativität.

ABBA vs. Progg:
Der Sieg von »Waterloo« und die Folgen

ABBA ist die Art von Band, über die viele sagen: Entweder man liebt sie, oder man hasst sie. Alles, was Ohrwurmqualität hat, kann ja leicht zur Qual werden, und die Lieder von ABBA haben zweifellos große Ohrwurmqualität. Aber in den 1970er Jahren in Schweden ging die Frage nach der Haltung zu ABBA über eine des Geschmacks hinaus. Die starke Ablehnung, die der Band dort entgegenschlug, ist bemerkenswert. An ihrem Feindbild, so scheint es heute, entzündete sich eine gesamtgesellschaftliche Debatte über Kunst und Kommerz, Neid und Gerechtigkeit, in der das Erbe der '68er und die schwedische Sozialdemokratie mit der Musikindustrie und dem Starkult kollidierte.

Im Frühling 1975, ein Jahr nachdem die Band den *Grand Prix Eurovision de la Chanson* im englischen Brighton mit ihrem Lied »Waterloo« gewonnen hatte, organisierten Anhänger einer Bewegung ein Gegenfestival in Stockholm, das den Kommerz kritisieren und überwinden sollte: das sogenannte *Alternativfestivalen*. Die Bewegung nannte sich »Progg«. Was heute klingt wie einer der Spaßnamen für Möbel aus dem IKEA-Katalog, war damals ernst und hatte übrigens außer dem

ABBA-Manager Stig Anderson im Tonstudio, 1978

Wunsch nach Progressivität nicht viel mit dem inzwischen viel geläufigeren Musikstil des »Prog«(-Rock) zu tun, den man mit Bands wie Emerson, Lake and Palmer, King Crimson oder in Deutschland mit Grobschnitt und Karat verbindet (um nur einige zu nennen). In gewisser Weise durchlief man in Schweden wohl in den 1970ern jenen Prozess, den ein paar Jahre zuvor die amerikanische Folkszene durchlaufen hatte: Diejenigen, die mit Musik auch Geld zu verdienen und Karriere zu machen gedachten, wurden von Antikommerziellen als *sellouts* gebrandmarkt. Deren Ansichten waren unvereinbar mit jenen von Stig Anderson, der schon vor seiner Zeit als ABBA-Manager mit Aussagen zum Musikgeschäft provoziert hatte, wie sie heute vielleicht Dieter Bohlen auf Managerseminaren macht, und der durch sein knallhartes Verhalten gegenüber Musikerinnen und Musikern aufgefallen war. Dezidiert sah und beschrieb Anderson Musik als Markt, auf dem man Interessen bedienen muss und auf dem nicht unbedingt der kompositorische Anspruch eines Liedes über dessen Erfolg entscheidet – gerade diese Erkenntnis wirkt im Hinblick auf manche ABBA-Songs mit allzu kuriosen Titeln und Texten wie ein Menetekel. Besonders angeeckt war Stig Anderson seinerzeit mit einer Äußerung, die fast schon den Charakter einer Spruchweisheit hat: »Die Leute sind nicht so dumm, wie man immer denkt – sie sind weitaus dümmer!«

Dennoch verteidigte er mit geschickten Statements die künstlerische Integrität von ABBA, indem er sich etwa über das Ansinnen der »Progger« sowie deren Low-Fi-Mentalität und -Produktionsweise mokierte:

Ich habe das Gefühl, dass ABBAs Musik durchaus progressiv ist. Die extremen Linken haben zwar dieses Wort mehr oder weniger für sich vereinnahmt, doch sind sie viel konservativer als die anderen. Bei euren Aufnahmen, die so klingen, als seien sie in den Dreißigern mitgeschnitten worden, kann ich nicht verstehen, wie ihr euch selbst progressiv nennen könnt.

Das klingt, insbesondere bei der Invektive »in den Dreißigern mitgeschnitten«, geradezu wie eine Denunziation der akademischen Folkauffassung, wie sie Alan Lomax mit seinen archivarischen Aufnahmen für »Smithsonian Folkways« etabliert hat und wie sie etwa in dem Spielfilm *Inside Llewyn Davis* (2013) der Coen-Brüder auf amüsante Weise parodiert wird. Das Konzept von Komposition, Aufnahme und Vermarktung bei ABBA stand tatsächlich diesen Überzeugungen und Arbeitsweisen diametral entgegen. Von Anfang an zielte man auf den kommerziellen Erfolg – und was mit dem Stück »Ring Ring« beim *Grand Prix* 1973 in Luxemburg noch nicht ganz glückte, das gelang dann ein Jahr später beim Wettbewerb in Brighton mit »Waterloo«: Der Sieg dort vor einem Millionenpublikum an den Fernsehgeräten überall auf der Welt katapultierte ABBA mit einem Mal endgültig heraus aus allen Folkdimensionen und ins glitzernd-kommerzielle Popuniversum.

Bei der Anmoderation zum *Eurovision*-Auftritt verwechselte man im britischen Fernsehen noch Björn mit Benny, es war eine Mischung aus Amüsement und Skepsis bei der Beschreibung dieser schwedischen Newcomerband in ihren ulkigen Kostümen herauszuhören, während sie die Bühne betrat. Aber dann folgte, was heute ein Kommentator auf YouTube als »die drei wichtigsten Minuten in der *Eurovision*-Geschichte« beschreibt: Benny Andersson spielte seinen Boogie auf dem Klavier, Björn Ulvaeus sehr engagiert auf einer sternförmigen E-Gitarre in Silber-Metallic (ein Funkaccessoire, das in diesem Kontext tatsächlich wie von einem anderen Stern wirkte), und Agnetha und Anni-Frid lieferten von der ersten Sekunde an ein perfektes Gesangsduett, mit dem sie durch ihre schüchtern-freundliche Interaktion und den schwedischen Akzent wohl sofort die Herzen gewannen – wenn auch nicht die der

ABBA in ihrem Tourbus auf der Reise durch Schweden, 1974. Vorne: Anni-Frid Lyngstad, Benny Andersson und Busfahrer Hansi Schwarz. Auf den Rücksitzen Björn Ulvaeus und Agnetha Fältskog.

Briten, die dem Ergebnis null Punkte gaben. Aber es reichte trotzdem zum Sieg. Beim Vorentscheid, dem *Melodifestivalen* 1974, hatte ABBA das Lied noch auf Schwedisch gesungen. Im Entstehungsprozess hatte es zunächst auch »Honey Pie« geheißen, bis man feststellte, dass sich an der entscheidenden Refrainstelle auch ganz andere, überraschendere Worte singen ließen.

Die englische Version von »Waterloo« wurde in zahlreichen Ländern als Single veröffentlicht, darunter auch Jugoslawien und die Türkei. Überall wurde das Lied sehr beliebt, erreichte bald in mehr als zehn Ländern die Spitze der Charts. Bis heute sind davon mehr als fünf Millionen Singles verkauft worden, es wird weiterhin fleißig gestreamt und ist 2005 zum besten Lied in der Geschichte des *Grand Prix Eurovision de la Chanson* (ab 2001: *Eurovision Song Contest*) gekürt worden. An ABBAS Performance, die von schätzungsweise 500 Millionen Fernsehzuschauern verfolgt wurde, haben viele noch heute lebhafte Erinnerungen – so sind sich etwa ein Koreaner, eine Französin und eine Russin, die sich heute im Chat auf einem Fanportal an ihre Jugend zurückerinnern, in der sie am 6. April 1974 mit der ganzen Familie vor dem Fernseher saßen, sofort einig, damals angesichts des ABBA-Auftritts sofort ausgerufen zu haben: »This must be it!«

Vielleicht erscheint der Auftritt – hier passt die ansonsten oft missbrauchte Metapher einmal – auch deshalb als Gamechanger des *Eurovision*-Wettbewerbs, weil plötzlich eine besondere Form der ausgestellten Künstlichkeit auf die Bühne kam. Genauer gesagt: eine Form von »Camp«, also jener übertriebenen Zurschaustellung des Trivialen, Kitschigen, Poppigen, die gleichzeitig von latenter Selbstironie geprägt ist und insbesondere durch einen wegweisenden Essay der Philosophin und Kulturkritikerin Susan Sontag aus dem Jahr 1964 entscheidend aufgewertet wurde. Auf dem Spezialblog *The Niche* findet sich eine Überlegung zu der hübsch zugespitzten Frage »Did Susan Sontag write *Notes on Camp* specifically about Eurovision?«. Auch wenn man diese wohl getrost mit Nein beantworten kann und Susan Sontag sich 1964 unmöglich auf ABBA hätte beziehen können, ist es eine interessante Spekulation. Die These lautet, der Songwettbewerb repräsentiere den »Inbegriff von Camp« schon seit seiner Frühzeit – und als schlagendstes Beispiel dafür wird dann tatsächlich ABBAS »Waterloo«-Auftritt von 1974 angeführt. Die skurrilen

Ein bisschen Spaß muss sein: in »Waterloo«-Kostümen beim *Grand Prix* in Brighton, 1974

Kostüme, die etwas unheimlich wirkende schwedische Jubelpose, ein als Napoleon verkleideter Dirigent, verbunden mit einer »ziemlich statischen Performance und einer bizarren Einführung des Moderators«, heißt es dort, qualifizierten das Ganze als »a great example of Eurovision Camp«. Der Verfasser ist sich sicher: Hätte Susan Sontag ihren Essay etwas später verfasst, wäre ABBA darin prominent vorgekommen. Und das ist noch nicht alles: Dieser Camp-Moment in Brighton sei außerdem eine Sternstunde für die später unter LGBTQ (Lesbian,

Gay, Bisexual, Transgender, and Queer) und erweiterten Abkürzungen zusammengefassten Bewegungen gewesen, für den sie noch heute dankbar sein könnten.

Mit dem Blick auf die weitere Entwicklung des *Grand Prix Eurovision de la Chanson* erscheint das sehr triftig, und es erklärt zugleich, wo und wie die inzwischen legendäre Beliebtheit ABBAs besonders in diesen Communitys ihren Anfang nahm, die mit der Zeit zu einem Topos geworden ist. In den 1970ern prägte die Band von sich selbst – trotz ihrer vieldeutigen Kostümierungen und Auftritte – allerdings ein zutiefst heterosexuelles, von vielen als traditionell aufgefasstes und auch als solches goutiertes Image, das eher für den gesellschaftlichen Mainstream stand. Eben deswegen wurde sie ja auch so erfolgreich.

Die Fotos von ABBA am Strand und am Pier des Seebades Brighton aus jenen sonnigen Apriltagen 1974, die vor der Show aufgenommen wurden, scheinen schon großen Optimismus auszustrahlen. Mit dem Wissen, dass in diesen Tagen die Weichen für die Weltkarriere der Band gestellt wurden, wirken sie noch beeindruckender, man meint beim Betrachten ganz stark das lebensverändernde Moment in ihnen zu sehen. Obwohl, wie es eine Zeitung formulierte, ABBA der Pophochburg England bis dahin »schnurz« gewesen war, änderte der Sieg in Brighton auch dies schlagartig. Die schwedischen Poptouristen waren fortan auch auf der Insel beliebt, vielleicht umso mehr, weil Engländer das Gefühl haben konnten, dass ABBA hier ›gemacht‹ worden war. Der Erfolg der Band wuchs jedenfalls besonders in Großbritannien ins Unermessliche, und auch der englische Popjournalismus scheint bis heute besonderen Gefallen an der Band zu finden. Im Londoner Prince Edward Theatre feierte 1999 das von Benny Andersson und Björn Ulvaeus geschriebene Musical *Mamma Mia!* Premiere, das der Band noch mehr Geld einbrachte als die Plattenverkäufe, und in der eigens dafür erbauten ABBA-Arena nahe der Bahnstation Pudding Mill Lane eröffnete 2022 die digitale Avatarshow *ABBA Voyage*. In einer Ausstellung am Londoner South Bank Centre hatte man einige Jahre zuvor sogar das Hotelzimmer nachgebaut, in dem die Band 1974 in Brighton übernachtet hatte, die sogenannte Napoleon-Suite aus dem dortigen Grandhotel.

Wer die Wege der ABBA-Mitglieder bis zu diesem Punkt 1974 betrachtet und bedenkt, wie jedes von ihnen auch in den Jahren zuvor schon nach Erfolg gestrebt hatte, den kann die Ultrakommerzialität der Band, die mit dem Riesenerfolg von »Waterloo« ihren Lauf nahm, kaum überraschen. Aber dennoch stand diese Kommerzialität – und mit ihr auch ABBAs Art von überkandidelter Künstlichkeit, ihre Umarmung der Popkultur – noch eine Weile quer zu einem Teil insbesondere der schwedischen Gesellschaft. 1968 war auch an dieser nicht spurlos vorübergegangen. 1970 hatte in Stockholm mit dem *Gärdet*-Festival ein »schwedisches Woodstock« stattgefunden, im Gegensatz zum Original sogar von Anfang an mit freiem Eintritt, dafür allerdings auch mit Gruppen, die selbst in Schweden heute weitgehend vergessen sind. Es gilt als Ausgangspunkt für die Progg-Bewegung. Der *Grand Prix*-Sieg ABBAs mit »Waterloo« 1974 gab dieser aber erst so richtig Schub, zumal er bedeutete, dass Schweden im Folgejahr 1975 selbst den Wettbewerb ausrichten musste. Die Progg-Opposition formierte sich daraufhin zunehmend im Hinblick auf dieses Ereignis, und mit dem *Alternativfestivalen* brachte sie eine beachtliche kreative Energie auf.

Wobei Opposition es nicht ganz trifft, denn diese kam in Schweden zu jener Zeit auch aus dem Establishment. Seit 1974 gab es dort ein neues Kulturgesetz, das die Förderung nicht-kommerzieller Kunst vorsah und die negativen Effekte des Kommerzes mildern sollte: Der »Statens Kulturråd« war dafür zuständig. Dem »Music Movement« war der *Grand Prix* ein Dorn im Auge, weil er in seinen Augen vor allem der Plattenindustrie zugutekam. Man wollte erreichen, dass die mediale Aufmerksamkeit – im Sinne des erwähnten Gesetzes – anderen, weniger Privilegierten zuteilwurde. Also dachte man sich ein Konzept für einen »alternativen *Eurovision Song Contest*« aus. Er fand dann wirklich parallel zu dem bekannten Wettbewerb statt, wobei er eine ganze Woche dauerte und 850 Musikerinnen und Musiker nach Stockholm brachte. Die Aufmerksamkeit war groß, und immerhin führte sie dazu, dass die Staatsmedien im Folgejahr die Berichterstattung vom *Grand Prix* aussetzten – wenn auch nur für dieses eine Mal.

Interessanterweise gab es beim *Alternativfestivalen* auch parodistische Kritik an ABBA in Form eines Liedes: Ulf Dageby sang zur großen Erheiterung seinen Song »Doin' the Omoralisk Schlagerfestival«, eine Art *talking blues* über das unmoralische Schlagerfestival. Dageby trat dort unter den Namen »Sillstryparn« auf, was ›Heringswürger‹ bedeutet. Das war eine Anspielung auf ABBA, deren Bandname ja identisch mit dem einer schwedischen Firma für Fischkonserven aus Göteborg ist. Diese bietet heute noch eingelegten Hering an, etwa den »nach Schärengartenart«. In dem kritischen Song des Heringswürgers heißt es: »Und hier kommt ABBA in Plastikkleidung / So tot wie Dosenhering / Sie lutschen auch an allem, wollen schnelles Geld machen«. Stig Anderson wird als »zynisches Schwein« bezeichnet und soll einen Tritt erhalten. Das Lied, das in seiner Form etwas an Country Joe McDonalds in Woodstock gesungenen »I Feel Like I'm Fixing to Die«-Rag erinnert, erfreut sich noch immer einiger Beliebtheit in Schweden und wird auch noch gelegentlich neu interpretiert. Den weiteren Erfolg ABBAs konnte es freilich nicht aufhalten. Und wenn das Musikbusiness von 1975 unmoralisch gewesen sein soll – was ist dann wohl das heutige?

Die Mitglieder von ABBA hat die damalige Kritik, die sich an ihnen als Feindbild entlud, zumindest vorgeblich nicht sehr gejuckt. Sie sind zunehmend auch als Geschäftsleute hervorgetreten – oft zitiert wird, dass ABBA in den 1970ern teils der erfolgreichste schwedische Export war – und haben öfter zu Protokoll gegeben, dass engagierte oder überhaupt politische Musik nie ihre Sache war. Andererseits hat etwa Benny Andersson auch Verständnis für Kritik an dieser Haltung geäußert: »Vor dem Hintergrund der 68er-Bewegung und all dieser Kräfte, die unsere Gesellschaft verbessern wollten, kann es sehr provokant wirken, wenn eine Band Plateauschuhe trägt, Musik macht und an nichts Weltbewegendes denkt«, zitiert ihn Carl Magnus Palm. Die Offenheit und die Selbstironie des Statements ehren Andersson, während das »nur Musik machen« angesichts seines Talents dazu wie ein mehr als mildes Understatement klingt.

Auf den Progg-Protest angesprochen, sagte Björn Ulvaeus 2023 in einem Interview zum vorliegenden Buch, dass die Band darüber nur gelacht habe: »Es war ein Nischending. Eine kleine Minderheit, aber sehr laut, und die Medien haben gern darüber berichtet. Aber wir haben damals einfach so viel Liebe erfahren, dass es uns nichts ausmachte.« Andererseits hat zum Beispiel Anni-Frid Lyngstad, wie aus dem ABBA-Buch von Frédéric Tonnon und Marisa Garau hervorgeht, einmal gesagt, dass sie nach dem Gewinn des *Grand Prix* »viel öfter depressiv« gewesen sei als vorher: »Es lastete immer mehr Druck auf uns. Plötzlich mussten wir es nicht nur in Schweden, sondern auch im Ausland bringen.« Vielleicht spielen bei diesem Druck ja doch auch die nicht immer nur witzig vorgetragene Kritik an ABBA und, mehr noch, ein gewisser Hass gegenüber ihnen eine Rolle. (So musste die Band etwa einmal eine Promotiontour abbrechen, weil anonym mit einer Entführung gedroht worden war.) Wie auch immer die einzelnen Mitglieder zu der Kritik gestanden haben mögen – wirklich belustigend mutet heute an, dass selbst das kritische *Alternativfestivalen* einigen in Schweden noch nicht alternativ genug und noch immer zu kommerziell war. Das Göteborger Kulturzentrum Sprängkullen organisierte deshalb eine Art Gegen-Gegenfestival. Die Komikertruppe Monty Python hätte es sich nicht besser ausdenken können: Aber was in aller Welt hätten die Sprängkuller wohl dazu gesagt, dass fünfzig Jahre später Menschen für einen Tag nach London fliegen und hundert Pfund oder einiges mehr allein für die Tickets ausgeben, um sich einen Auftritt digitaler ABBA-Avatare anzuschauen?

Süß vs. bitter: Die Songs

Es gibt vier Arten von ABBA-Songs: die süßen, die bitteren, die bittersüßen und die albernen. Natürlich sind die Grenzen nicht immer scharf zu ziehen – aber fangen wir doch einmal mit der letzten Sorte an. Mit Sicherheit gibt es so einige ziemlich alberne ABBA-Songs, bei denen einem gleich die im vorigen Kapitel zitierten Ansichten des Managers Stig Anderson wieder einfallen: Oft sind es in der Popmusik gerade die weniger anspruchsvollen Lieder, die beim Publikum so richtig einschlagen – und oft aufgrund einer witzigen, manchmal auch albernen Hookline. »Ring, ring, why don't you give me a call?«: Dieser Telefonstreich vom ersten ABBA-Album mag noch als Jugendsünde der Band durchgehen, wobei die vier zu diesem Zeitpunkt längst keine *teenager in love* mehr waren, sondern teils bereits geschieden und musikalisch längst alte Hasen. »We do the King Kong song, won't you sing along / Listen to the music and it couldn't go wrong«: Das ist schon um einiges dösiger, aber wohl als Antwort auf Elton Johns »Crocodile Rock« auch noch irgendwie zu rechtfertigen. »Dum dum diddle, to be your fiddle / To be so near you and not just hear you« jedoch ist wirklich *far out*. Ein englischer Kritiker bezeichnete den Liedtext über eine Frau, die neidisch darauf ist, dass ihr Partner zu viel Geige spielt, und sich dann wünscht, selbst seine Geige zu sein, einmal als »one of the worst lyrics ever«. Aber Alexis Patridis vom *Guardian* hatte nicht nur damit recht, sondern auch mit der Einschätzung, dass sogar die schlechten ABBA-Lieder noch etwas richtig Gutes haben – so sei die Melodie von »Dum Dum Diddle« einfach »absolutely amazing«. Stimmt: Der Refrain hat eben jene Ohrwurmqualität, die ABBA so oft erreicht hat, und die an alte Volksweisen erinnernden Instrumentalpassagen auf Benny Anderssons Synthesizer geben dem Lied jenen leicht unheimlichen Science-Fiction-Touch, der ebenfalls charakteristisch ist und wiederum an die beschriebene Folktradition anknüpft – man denke zurück an »Speleman« und nach vorn an das ›Mittelalter‹-Motiv zu Beginn des späteren ABBA-Hits »Gimme! Gimme! Gimme! (A Man After Midnight)«.

Über den Song »Bang-a-Boomerang« hingegen kann man derlei Gutes und Rettendes nicht sagen. Er ist so albern wie sein Text: »Like a bang, a boome-a-boomerang / Dum-de-dum-dum, de-dum-de-dum-dum / Oh bang, a boome-a-boomerang / Love is a tune you hum-de-hum-hum«. So wie ein Bumerang ist die Liebe ein Lied, das man summt – wie bitte? Dass es solche Texte immer wieder in der Popmusik gibt, hat den einfachen Grund, dass sie immer wieder zu großen Erfolgen werden. Um nur ein paar unglaubliche Fälle zu nennen: »I Am the Walrus« von den Beatles, »Da Da Da« von Trio oder »How Much Is the Fish?« von Scooter. Oder, in geschickter Balance zwischen Dadaismus und Sinn, »Bad Romance« von Lady Gaga: »Rah, rah-ah-ah-ah / Roma, roma-ma / Gaga, ooh la-la / Want your bad romance«. Das Rezept gelingt nur eben nicht immer. »›Boomerang‹ ist ein anschauliches Beispiel dafür, wie man in wenigen Versen viel falsch machen kann« –

dieser Satz bezieht sich, auch wenn er gut dazu passen würde, nicht auf das Lied von ABBA, sondern auf eines von der deutschen Babytechnosängerin Blümchen, das nichtsdestotrotz ein Hit wurde. In Michael Behrendts Buch *Mein Herz hat Sonnenbrand* (2023), das neben dem von Blümchen eine beachtliche Kollektion »schiefer bis irrwitziger Songtexte« bereithält, hätten jedoch gewiss auch einige von ABBA Platz gefunden, wenn der Autor sich nicht auf deutsche Beispiele konzentriert hätte.

Björn Ulvaeus war immer Profi des Songschreibens genug, um auch einmal zuzugeben, dass manche ABBA-Texte aus der Not geboren wurden – einfach weil sie fertig werden mussten. Dass dabei gelegentlich schöner Nonsens entstand, ist ebenso offensichtlich wie der Wille zur Künstlichkeit, die sich etwa an einem Titel wie »Chiquitita« zeigt: Chi-qui-ti-ta – was für ein exquisiter Name, welch ein auf der Zunge zergehendes Wort!

Damit sind wir in der Süßwarenabteilung angelangt. Sofern man es nicht albern findet, von »Happy Hawaii« oder »Tropical Loveland« zu träumen, gehören auch Songs wie diese zu ABBAS zuckersüßen. Auf jedem Album hat die Band zwei, drei Titel untergebracht, die ihr Herz auf der Zunge tragen und wohl einfach nur Wohlfühlmusik sein sollen, Lieder ohne Netz und doppelten Boden: »Swimming and surfing, enjoying the sun / Hey Honolulu, I'm going to happy Hawaii«. Musikalisch wird dabei relativ schamlos abgekupfert, sei es von den Beach Boys oder von Reggaegruppen. Wie ABBA bei »Tropical Loveland« so ziemlich alle Reggaegimmicks aufbietet, die es gibt, inklusive neckischer Drum-Fills, das Ganze dann aber noch mit Benny Anderssons Volksmusikakkordeon verbindet, ist schon wieder mutig, vor allem bei diesem ebenfalls aus Versatzstücken der Popmusikgeschichte zusammengeschusterten

Text: »Come to my loveland, wander with me / Lie with me darling in the shade of a tree / Over the rainbow, under the moon / That's where my land is, won't you come to me soon?«. Die süßen ABBA-Songs zeigen deutlich, dass die Band bereit war, mit niedrigschwelligen Angeboten wirklich jeden abzuholen. Sie war sogar bereit, die Regression zur Babysprache zu feiern: »Su-pa-pa, Trou-pa-pa«. Was Ohrwurmqualität angeht, ist das allerdings kaum zu überbieten. Unter ihren auf Einfachheit und Eingängigkeit zielenden Zeilen hat sie sogar solche geschaffen, die heute fast Sprichwortcharakter gewonnen haben, oft gerade durch die Mischung verschiedener Sprachen: »Mamma mia, here I go again!« – das ist anschlussfähiger als Esperanto. Und bezeichnenderweise bleiben eben gerade die etwas schiefen, im Englischen nicht völlig sattelfesten Texte im Gedächtnis: »Money, money, money / Must be funny / In the rich man's world«.

Eine gewisse Albernheit mag man auch darin erkennen, dass andere ABBA-Songs teils sehr verspielte Titel und Texte haben. »I Do, I Do, I Do, I Do, I Do«: Man glaubt es auch schon nach dem dritten Mal; »Me and Bobby and Bobby's Brother«: Geht es noch komplizierter? In der Verspieltheit liegt andererseits aber auch die Genialität ABBAs. »Wa-Wa-Wa-Wa-Waterloo / Finally facing my Waterloo«: Wer könnte diese Verbindung aus bedeutungslosen Doo-Wop-Lauten und dem historischen Inbegriff einer Niederlage je wieder vergessen?

Zu fragen, ob eine solche Verbindung ebenfalls albern sei, womöglich sogar anstößig, lag wohl im Interesse jenes Journalisten, der sich direkt nach dem *Grand Prix*-Sieg ABBAs an den damit ebenfalls geehrten Stig Anderson wandte. Ob Anderson denn wisse, dass in der historischen Schlacht von Waterloo vierzigtausend Männer den Tod gefunden hätten? Der Manager, der offenbar manchmal eine *loose cannon* war, ging sofort in die Luft. Der Song habe mit der historischen Schlacht nichts zu tun, es handle sich doch offensichtlich nur um eine Metapher. In der Geschichte der Popmusik gibt es ja durchaus viele Songs über Schlachten, die den Schrecken des Krieges thematisieren – man denke etwa an »The Gates of Delirium« von Yes oder »1916« von Motörhead – aber die Nonchalance, mit der ABBA aus der Schlacht von Waterloo die Grundlage für ein Liebeslied macht, ist tatsächlich bemerkenswert. Ganz klar gehört das Stück zu ABBAs süßen Songs, auch wenn es von der besagten Niederlage handelt. Denn alles an der Musik läuft der Behauptung des Texts zuwider: Im Grunde spürt man eine unbändige Freude des lyrischen Ichs, die Gegenwehr angesichts einer Liebesbelagerung endlich aufgegeben zu haben: »I feel like I win when I lose«.

Dass es auf dem Schlachtfeld der Liebe auch ganz anders ausgehen kann, weiß man freilich aus vielen anderen ABBA-Songs. Kommen wir nun also zu den bitteren. Kaum fängt man an zu überlegen, welchen man zuerst nennen soll, wird einem klar, dass in der Bitternis und in der tiefen Melancholie wohl die größere Stärke von ABBA steckt als in den Happy-Songs. »Knowing me, knowing you, aha / There is nothing we can do«: Das ist vielleicht eine der traurigsten Zeilen der Popgeschichte (auch wenn sie noch ein bisschen aufgelockert wird durch das alberne »aha« in der Mitte). Geht es im Countrygenre oft um unerwiderte Liebe oder um das Verlassenwerden aus Sicht der Geschädigten, hat ABBA die hohe Kunst entwickelt, über die gegenseitige Einsicht zu singen, dass es vorbei ist. Immer wieder taucht diese Erkenntnis in den Liedtexten auf. Bei »One Man, One Woman« deutet sie sich an in Tränen und Türenschlagen, verständnislos allerdings noch angesichts der

Gründe: »What's wrong, what is happening, where did all our love go?«. In »Knowing Me, Knowing You« ist das Haus, in dem früher die Liebenden gewohnt haben, schon leer: »Walking through an empty house / Tears in my eyes«. Und in »The Winner Takes It All« geht es nach der Erkenntnis der Auswegslosigkeit (»Nothing more to say, no more ace to play«) sogar vor Gericht: »The judges will decide«. Wie eine Art traurige Coda wirkt der metaphernreiche Liedtext von »When All Is Said and Done«: »Here's to us, one more toast and then we'll pay the bill / Deep inside, both of us can feel the autumn chill / Birds of passage, you and me / We fly instinctively«. Aus den Liebespartnern sind Zugvögel geworden, die weiterziehen, allerdings nicht gemeinsam. Auch das ist immerhin noch ein Topos der Folkmusik, man denke an Dylans »Don't Think Twice«, aber von Hüttenromantik jedenfalls ist keine Spur mehr, sehr fern sind die ausgelassenen Sommertage: »When the summer's over and the dark clouds hide the sun / Neither you nor I'm to blame when all is said and done«.

Es wäre wohl nicht ganz falsch, die Geschichte von ABBA als Geschichte von Enttäuschungen zu lesen, die sich sukzessive auch im Werk spiegeln, bis zur Trennung der Paare und der Band – also, vereinfacht gesagt mit Rudi Völler, »noch 'n Tiefpunkt und noch 'n Tiefpunkt«. Aber Björn Ulvaeus und Benny Andersson waren nach all ihren Versuchen, Hits zu schreiben, schon lange vor ABBA, viel zu abgebrühte Songschreiber, um nicht zu erkennen, dass vertonter Schmerz alleine nicht zu dauerhaftem Erfolg führt – siehe nochmals »Waterloo«.

In anderen Songs wenden sie den Trick an, erst einmal dunkel zu beginnen, um schließlich strahlende Hoffnung dagegenzustellen. »Chiquitita«, die etwas rührselige Ballade, die sich in Südamerika millionenfach verkauft hat, ist so ein Fall.

»Chiquitita, tell me what's wrong / You're enchained by your own sorrow / In your eyes, there is no hope for tomorrow«: Ja, das ist hart, auch wenn schon die Ansprache Chiquititas durch Agnetha Fältskog in deren mütterlich-engelhaftem Ton etwas ungemein Tröstliches hat. Aber dann bietet ihr lyrisches Ich auch noch freundschaftliche Unterstützung an, und die Sache ist geritzt: »I'm a shoulder you can cry on«, und noch besser: »Now, I see you've broken a feather / I hope we can patch it up together.« Das beschriebene Muster ist immer wieder erkennbar – etwa auch in »Super Trouper«: »I was sick and tired of everything« in der Strophe, »feeling like a number one« im Refrain. Was sich hier offenbart, ist der Definition nach das Wesen des Elegischen: nämlich die vermischte Empfindung. »Die Elegie war sonst ein Werk der Traurigkeit / Allein sie ward hernach zugleich der Lust geweiht«, heißt es schon in einem Merkspruch von Johann Christoph Gottsched. Besser kann man kaum erklären, was die größte Qualität von ABBA ausmacht. Sie offenbart sich, das ist nun keine Überraschung mehr, in den bittersüßen Songs.

Manche ABBA-Songs sind geprägt von einer regelrechten Borderlinestimmung, himmelhoch jauchzend, zu Tode betrübt. Bei »Summer Night City« etwa hätte man vom Titel her eine weitere bloße Wohlfühlnummer erwartet – hier aber ist es die dunkel dräuende Musik, die dem Text widerspricht. Das hat einen bemerkenswerten Effekt: Man hört zwar die Botschaft – »Walking in the moonlight, love-making in a park / Summer night city« – allein, es fehlt der Glaube; das Lied klingt eher, als ob sich Zombies nachts in diesem Park träfen. Ob dieser Effekt so beabsichtigt war? Er ist jedenfalls kein einmaliger Ausrutscher: »Lay All Your Love on Me« ist ein Liebeslied mit der Melodie und den Harmonien eines Trauerchorals, und wirklich alles an »Our Last Summer« steht im Gegensatz zu der Erinnerung an sommerleichtes »Laughing in the rain«, die darin besungen wird.

Wie mit anderen Komponenten erfolgreicher Popmusik hat ABBA auch mit dem richtigen Verhältnis von Traurigkeit und Lust innerhalb eines Songs experimentiert. In mindestens drei Fällen ist dabei ein Meisterwerk entstanden: bei »S. O. S.«, bei »Dancing Queen« und bei »Happy New Year«. »S. O. S.« ist dem Titel nach ein Ruf der Verzweiflung, und so beginnt es auch. »Where are those happy days? They seem so hard to find / I try to reach for you, but you have closed your mind«. Die aussichtslose Stimmung wird flankiert von einem Motiv auf der E-Gitarre, das so charakteristisch ist, dass seine kurze zitierende Wiederaufnahme vierzig Jahre später auf ABBAs Comebackalbum *Voyage* sofort die Erinnerung triggert: ein klanggewordener Hilferuf.

Ein einziger Takt mit einem Sechzehntelarpeggio, das von einem Komponisten der Wiener Klassik stammen könnte, dient Benny Andersson als Bindeglied zu einem Refrain, der in Dur steht: »So, when you're near me, darling, can't you hear me? S. O. S.« Verblüffenderweise liegt die Kernbotschaft, der Hilferuf des vernachlässigten Liebespartners, auch schon in der fröhlichen Tonart, die eine rettende Antwort des anderen Partners zu provozieren scheint. Und um der Bitte Nachdruck zu verleihen, wird zur selben Melodie dann noch gesungen: »The love you gave me, nothing else can save me, S. O. S.« Wer dabei nicht weich wird, hat kein Herz. Pete Townshend von The Who hat die Qualität dieses Liedes erkannt und darüber angeblich zu Björn Ulvaeus gesagt, »S. O. S.« sei der größte Popsong, der je geschrieben wurde.

Auch wenn dieses Lob kaum zu steigern ist, gibt es gute

Gründe, »Dancing Queen« für noch gelungener zu halten. Hier ist es vor allem die geschickte Erzählperspektive des Liedes, die für einen ganz besonderen Effekt sorgt – und eine Kunst des Weglassens. Mit wenigen Pinselstrichen entwirft das Lied das lebhafte Bild eines 17-jährigen Mädchens, das auf der Tanzfläche die Zeit seines Lebens hat. Dazu genügen ein bisschen Rockmusik und der Beat vom Tamburin, schon scheint die junge Schönheit völlig vertieft in den Moment – so sehr, dass alle anderen sich in sie verlieben. Sie hat auch etwas von Aschenputtel auf dem Ball – und doch tanzt sie vielleicht nur für sich allein, es scheint sich kein märchenhaftes Ende abzuzeichnen. Die Zeile »You've come to look for a king« wird jedenfalls gleich relativiert durch die folgende: »Anybody could be that guy«. Die Nacht ist jung, und die Musik macht high – es deutet sich an, dass die Dancing Queen gar keinen König braucht. Und bald darauf erfahren wir, dass eben dies sie in die Lage versetzt, mit den Verehrern zu spielen: »You're a teaser, you turn 'em on / Leave 'em burning and then you're gone«. Das öffnet Raum für Spekulationen. Ist das Mädchen einfach zufrieden allein, oder ist es zumindest zum männlichen Geschlecht gar nicht hingezogen? Evoziert die Bezeichnung als »Queen« auch noch andere sexuelle Identitäten? Wie dem auch sei, die Beschreibung bleibt offen und das beschriebene Wesen so frei, dass es als Vorbild für alle anderen dienen kann, die von dem Lied in den Bann gezogen werden. Zugleich erklärt das Lied auch jene gewisse Vereinzelung, die das Tanzen in der Disco oder im Club mit sich gebracht hat. Man kann es sich vielleicht so vorstellen wie in François Ozons Spielfilm *Sommer 85* (2020), als der Protagonist von seinem Freund in der Disco Kopfhörer eines Walkmans aufgesetzt bekommt und plötzlich zu seinem ganz eigenen Lied tanzt, das nur noch er hört und alle anderen nicht. Bei Ozon freilich handelt es sich um Rod Stewarts »Sailing«, aber in einer solchen Blase, in die es den jungen Mann versetzt, völlig abgeschirmt von der Außenwelt, stellt man sich auch die Dancing Queen vor.

Sie verkörpert in einem wiederum elegischen Bild sowohl die Freiheit als auch die Einsamkeit. Aber damit noch nicht genug, wirft der Text, der die Queen in der Du-Form anspricht und beschreibt, die Frage auf, was für ein Ich ihn eigentlich singt. Der ganze Text entsteht aus einer Beobachterposition, die, wenn nicht Neid, so doch Bewunderung und eine gewisse Wehmut bei der Beschreibung erahnen lässt. Steht hier jemand an der Bar und blickt auf die Tanzfläche? Welches Geschlecht hat dieses lyrische Ich? Ist es gar das ältere Ich der Dancing Queen, das sich in einer traumhaften Erinnerung selbst beschreibt?

Es gibt viele Deutungen des Textes, und auf letztere läuft interessanterweise auch eine des für seinen Hardboiled-Sound bekannten Magazins *Vice* hinaus: Man solle sich nicht täuschen, heißt es dort, dieser Song handle von der Dancing Queen, werde aber ganz sicher nicht von dieser gesungen. Darin liege die Tragödie: Die Erzählerin des Liedtextes habe erkannt, dass sie nicht mehr die tanzende Königin sei: »Sie ist nicht mehr jung, nicht mehr süß und nicht mehr 17.« Auf der Tanzfläche sehe diese ältere Frau nur noch einen »Malstrom« aus verlorenem Vertrauen und verpassten Gelegenheiten. Der Song handle im Grunde vom Ende, schließt der Interpret, und kommt auf den Punkt: »Das ist keine Freude. Das ist Agonie.« So weit muss man nicht gehen, aber dass der Song eine sehr besondere Mischung aus Discoeuphorie und tiefer Melancholie aufweist, lässt sich nicht von der Hand weisen.

Bei »Happy New Year« schließlich entsteht die elegische Stimmung schon fast zwingend durch die darin aufgerufenen Gefühle um den Jahreswechsel, die wohl jeder kennt und die somit immer von neuem aktuell werden. Hier aber ist es ein besonderes Jahr: 1979 markiert, wie es auch ausdrücklich im Text heißt, »the end of a decade« – und was für einer Dekade. Was sie gesellschaftlich und auch musikalisch umspannt, scheint in mancher Hinsicht schier unglaublich, und diese Entwicklungen fallen, wie wir gesehen haben, zusammen mit einer überraschenden Entwicklung der Band ABBA auf ganz verschiedenen Ebenen. Nun scheint beides zugleich an ein bitteres Ende zu kommen: »Seems to me now / That the dreams we had before / Are all dead, nothing more / Than confetti on the floor« – von den Träumen und Plänen, den kollektiven und den privaten, bleiben nur noch Papierschnipsel auf dem Boden. Viel trauriger geht es nicht. Und ein vielsagendes »Now's the time for us to say« vor dem Refrain stellt den folgenden Glückwunsch »Happy New Year!« auf den Kopf. Er wird, so kann man es deuten, als bloße Konvention, als Zwang empfunden: Ausgerechnet jetzt sollen wir uns ein frohes neues Jahr wünschen. Und doch ist auch eine etwas hoffnungsvollere Lesart möglich, nach dem Motto: Wir hatten schwere Zeiten, aber gerade jetzt ist die, in der das Wünschen wieder hilft! Wie man dieses geschickt in der Schwebe gehaltene Lied aufnimmt, liegt im Ohr des Hörenden und wohl auch sehr an der Stimmung, in der er oder sie mit ihm konfrontiert wird.

Folk vs. Disco: ABBA zwischen
traditioneller und moderner Musik

Was ist eigentlich das Erfolgsgeheimnis von ABBA, was macht ihre ungeheure, seit Jahrzehnten andauernde Popularität aus? Diese Frage werden sich schon viele gestellt haben, teils voller Bewunderung, teils grün vor Neid, teils mit ungläubigem Staunen. Noch einmal damit konfrontiert im hohen Alter, hat Björn Ulvaeus, weise lächelnd, auch nur die Antwort parat, dass er das in fast jedem Interview gefragt werde und die Antwort selbst bis heute nicht wisse. Aber versuchen wir doch zumindest, ihr etwas näher zu kommen: Sind wir bislang stärker auf die Texte eingegangen, soll nun stärker die Musik im Mittelpunkt stehen. Dass Songs aus der Feder von Benny Andersson und Björn Ulvaeus, teilweise unterstützt von Stig Anderson, tief in der volkstümlichen Musiktradition verhaftet sind, wurde schon gesagt. Es ist auch nicht zu leugnen, dass einige der großen ABBA-Hits auf einer gewissermaßen universellen, manchmal phantastisch anmutenden Traditionalität beruhen, zum Beispiel die Balladen »Chiquitita« oder »Fernando«, die teils auch etwas Operettenhaftes haben. Auch Lieder, die fast schon Hymnen sind, wie etwa der Instant-ohrwurm »I Have a Dream«, brauchen nichts Modernes, um von sehr vielen gemocht zu werden, sie werden vielleicht sogar gerade wegen ihrer Antimodernität gemocht. Das ist, im Vergleich zu anderen großen Popgruppen der Beatles-Ära und insbesondere im Vergleich zu Benny Anderssons Hep Stars, durchaus ungewöhnlich – vor den Beatles war es das aber noch nicht. Und obwohl die Vorbildfunktion der Beatles für ABBA unübersehbar ist, hat Björn Ulvaeus im Interview zu diesem Buch gesagt, dass die musikalische Inspiration eigentlich aus der Zeit davor stamme: also etwa von den Everly Brothers und Carole King. Letztere hatte ja, lange bevor sie schließlich selbst als Sängerin debütierte, zusammen mit Gerry Goffin einige bedeutende Hits der 1960er Jahre geschrieben, darunter solche für die Drifters, die Byrds und die Everlys, außerdem für Aretha Franklin und Dusty Springfield. Von dem Duo King/Goffin sollen auch Lennon und McCartney begeistert gewesen sein und ihm nachgeeifert haben – Ulvaeus stellt sich somit auf die Schultern von Giganten. Noch hinzufügen könnte man bei den Einflüssen auf Ulvaeus und Andersson die amerikanische Countrymusik, die in ihren Themen und in ihrer Struktur oft wie ein klares Vorbild von ABBA wirkt – gerade bei den von Liebesschmerz und Trennung handelnden Liedern. Es ist gewiss eine Kunst, alle diese Einflüsse zu mischen, sie teils auch geschickt zu verschleiern und im Potpourri eines *international style* der Popmusik zu verbinden.

Was ABBA aber wirklich herausstechen lässt, was sie auch in ganz verschiedenen Generationen und Gesellschaftsschichten bis heute beliebt und anschlussfähig für Neuinterpretationen macht – das ist die geschickte Verbindung aus Tradition und Moderne, die sich schon im Songwriting, mehr aber noch im Arrangement und in der Produktion zeigt.

ABBA hinter dem Eisernen Vorhang

»Als wären Marsmenschen auf dem Flughafen von Warschau gelandet«, so empfand der polnische Autor Maciej Orański die dortige Ankunft von ABBA 1976, wie er in seinem 2013 erschienenen Buch *ABBA w Polsce* (›ABBA in Polen‹) schreibt. Die Band war auch in Ländern hinter dem Eisernen Vorhang sehr beliebt – wie manche meinen, sogar die beliebteste aller westlichen Bands –, und viele Fans aus Polen hatten zuvor Briefe geschickt, die um einen Besuch baten. ABBA spielte für das polnische Fernsehen schließlich ohne Gage, erhielt aber dafür die Vermarktungsrechte am entstandenen Konzertfilm. Bereits im Flugzeug und am Warschauer Platz der drei Kreuze sangen sie »S. O. S.« und machten daraus ein Musikvideo. Auch in der DDR hatte ABBA viele Fans und trat bereits 1974 in der Show *Ein Kessel Buntes* im Berliner Friedrichsstadt-Palast auf. Bei der DDR-Ausgabe des Albums *Arrival* (dort veröffentlicht erst 1978) fehlte allerdings das Lied »Money, Money, Money«. Laut Radio Free Europe mochte sogar Leonid Breschnew, das sowjetische Staatsoberhaupt von 1977 bis 1982, ABBA – doch obwohl angeblich über einen Auftritt bei den Olympischen Sommerspielen 1980 in Moskau nachgedacht wurde, trat die Band nie in der Sowjetunion auf. Allerdings kamen Benny Andersson und Björn Ulvaeus 1983 allein nach Moskau, um dort die berühmte Sängerin Alla Pugatschowa für eine Rolle in ihrem Musical *Chess* zu gewinnen.

Um es stärker einzugrenzen: Das musikalische Geheimnis von ABBA sind maßgeblich die Melodien aus dem Synthesizer von Benny Andersson. Der elektronische Klangausdruck von bisweilen mittelalterlich oder renaissancehaft anmutenden Melodien erzeugt eine Reibung, die ABBA einen Touch von Avantgarde gibt.

Betrachten wir noch einmal kurz den Anfang von »Chiquitita«, hören wir zunächst eine romantische Flamencogitarre und einige Klavierarpeggios. Aber kaum setzt die Solostimme von Agnetha Fältskog mit der Zeile »Chiquitita, tell me what's wrong« ein, wabern plötzlich auch noch einige Synthesizertöne dazwischen, die der Retroballade einen Schuss Electro- oder Technovorahnung injizieren. Ganz behutsam, aber doch spürbar. Wenn man dazu noch das Musikvideo anschaut, wird die Reibung allerdings schnell grotesk: Die Band steht auf einem beschneiten Berggipfel vor einem überdimensionalen Schneemann, Björn spielt die Flamencogitarre im Skianzug, Benny sitzt an einem wahrscheinlich mit dem Hubschrauber in die Szenerie gepflanzten Rhodes-E-Piano, während die Tonspur eher nach einem alten Saloonklavier klingt. Alle scheinen markant fröhlich gestimmt, man meint fast Schlittenglocken zu hören, als der Song auf sein Ende zusteuert. Diese fröhlich-überkandidelte postmoderne Stilmischung, bei der man sich immer schon fragt, wie viel Selbstironie in ihr liegt, ist typisch für ABBA. Nochmals könnte man an Susan Sontag erinnern: »Allen Gegenständen und Personen, die Camp sind, ist ein starkes Element des Trickhaften eigen. Nichts in der Natur kann *campy* sein.« Die »Liebe zum Übertriebenen, Übergeschnappten, zum ›alles-ist-was-es-nicht ist‹«, die Sontag beschreibt, kann man auch bei ABBA deutlich spüren. Vom »Chiquitita«-Musikvideo aus dem Jahr 1979 führt ein gerader Weg zum Musikvideo »In der Natur« der deutschen Camp-Hip-Hop-Gruppe Deichkind von 2022.

Ein weiterer Erfolgsaspekt bei ABBA scheint eine klare Aufgabenteilung zu sein: Die Musikproduzenten Andrew Oldham und Tony Calder sehen in ihrem gemeinsam mit dem Journalisten Colin Irwin verfassten Buch *The Name of the Game* (1995) eine entscheidende Rollentrennung zwischen Björn Ulvaeus und Benny Andersson: Björn ist für sie der kühle und »wohlorganisierte« Kopf, Benny das freie Genie. Björn habe früh »die bemerkenswerte Kunstfertigkeit in Bennys musikalischen Kreationen und die Schwächen in seinem Charakter« erkannt, »die ihn zu bremsen drohten«. So habe Björn das Maximum aus Benny herausgekitzelt. Woher auch immer die Engländer Benny Anderssons Charakterschwächen zu kennen glauben – ihre Einschätzung scheint doch grundsätzlich aufschlussreich.

Das alles wäre aber noch nichts ohne ein weiteres entscheidendes Moment: die Tanzbarkeit. Bei ABBA gehen die schönen, teils schwülstigen Melodien eine Verbindung mit ganz verschiedenen modernen Grooves ein – wie Oldham, Calder und Irwin bemerken, sogar manchmal mit zwei verschiedenen zugleich. So sei nämlich der Song »Waterloo« sowohl vom Boogie-Woogie als auch vom Rock geprägt. Das klingt erst mal abwegig, wenn man sich den durchgängig punktierten Rhythmus von Benny Anderssons Klavierspiel vor Ohren führt – aber durch das Tempo des Songs entsteht ein solcher Sog, dass man tatsächlich auch das Gefühl eines Four-on-the-floor-Rockbeats haben könnte. Geschickt gemacht – wie so vieles bei ABBA. Dass die Band auch einige veritable Rocksongs aufgenommen hat, gerät mitunter in Vergessenheit, weil diese nicht zu ihren ganz bekannten zählen. Der (Glam-)Rock war aber ein wichtiger Einfluss für sie, wie man ganz deutlich an Titeln wie »Rock Me«, »Man in the Middle« oder »Hey, Hey, Helen« (alle 1975) hört. Auch wenn letzteren heute fast niemand mehr kennt, spielt er, was das Instrumentale betrifft, durchaus in einer Liga mit »We Will Rock You« von Queen (1977) und »I Love Rock 'n' Roll« von den Arrows (1975), jenem Song, den dann erst Joan Jett so richtig groß gemacht hat: Auch »Hey, Hey, Helen« beginnt mit einem eingängigen Schlagzeugmotiv und einem verzerrten Gitarrenriff, das ihm in nichts nachsteht – nur sind hier wohl Text und Refrain zu nichtssagend gewesen, um das Lied zu einem Hit zu machen.

Die Stilvielfalt und die changierende, unberechenbar wirkende Selbstinszenierung von ABBA führte dazu, dass die Band von puristischeren Rockfans und -kritikern als nicht satisfaktionsfähig befunden wurde. Mit dem *Eurovision*-Auftritt in Brighton war ABBA für den Rock gestorben, schreibt etwa Carl Magnus Palm. Aber vielleicht wurde eben das von der Band und ihrem Management billigend in Kauf genommen, weil man unter Verzicht auf eine exklusive Zielgruppe viele andere aus allen Altersstufen und Weltgegenden hinzugewann. Der schwedisch-britische Journalist Karl French bezeichnet in seinem Buch *ABBA Unplugged* (2004) das Konzept der Stilmischung als »bewusst planlos«, und er hat auch ein triftiges Zitat von Benny Andersson, welches genau das belegt: »Jeder Song musste anders sein«, das hätten die Beatles schließlich auch so gemacht; die Herausforderung sei es gewesen, nicht ein zweites »Waterloo« oder ein zweites »Mamma Mia« zu schreiben. Dass das Konzept bei den Fans tatsächlich aufging, wird beim Aufrufen eines beliebigen ABBA-Songs in einem beliebigen Streamingportal mit Kommentarfunktion praktisch täglich aufs Neue bestätigt. Für jedes ABBA-Stück, noch für die obskurste B-Seite, finden sich Kommentare, die gerade dieses Stück zum »besten ABBA-Song von allen« erklären. Auch dies also ein Teil des Erfolges, wenn auch kein Geheimnis.

Tanzbarkeit aber, um auf diese zurückzukommen, war seit etwa 1974 ohnehin schon oft mit einem anderen Groove verbunden: Disco! Ohne die Einflüsse der Discomusik, die schließlich immer unüberhörbarer im Werk von ABBA werden, hätte die Gruppe, mag sie noch so eingängige Balladen und memorable Refrains hervorgebracht haben, nicht den Erfolg und nicht den Status in der Popgeschichte, den sie heute hat.

Wie so viele Genres der Mainstreampopmusik kam auch Disco ursprünglich aus der Subkultur: Musik von amerikanischen Schwarzen und Latinos, die vor allem in weißen Schwulenclubs lief, so John-Manuel Andriote in seiner *Brief History of Disco* (2001): Das sei zunächst eine Form von »Produzentenmusik« gewesen, eingespielt von unbekannten Studiomusikern, die dann plötzlich einen riesigen Popularisierungs- und Kommerzialisierungsschub erhalten habe. »Es begann mit einem Rinnsal – dann flutete es die Clubs und das Radio.«

Der in Frankreich seit den 1940er Jahren geläufige Begriff ›Discothèque‹ zur Bezeichnung eines Musikclubs wird im Englischen Mitte der 1960er Jahre erstmals zu ›Disco‹ abgekürzt. Als Charakterisierung eines Musikgenres taucht er 1973 in einem Artikel des *Rolling Stone* auf und erreicht in den Jahren darauf einen großen Bekanntheitsgrad auf der ganzen Welt.

Machen wir uns kurz klar, was den Discorhythmus eigentlich von dem des Rock unterscheidet. Beide Rhythmen im Viervierteltakt beruhen, sehr vereinfacht gesagt, auf einem durchgängigen ›Bum-Tschak‹, das maßgeblich durch den Wechselschlag von Bassdrum und Snaredrum entsteht. Manche Rocksongs tendieren auch zu vier gleichstark betonten Schlägen (also ›Bum-Bum-Bum-Bum‹ oder, wie schon zuvor gesagt, *four on the floor*). Rock wirkt manchmal geknüppelt, während Disco ein federndes Gefühl erzeugt, das auf der Tanzfläche völlig andere Möglichkeiten eröffnet. Wie kommt dieser federnde Effekt zustande? Discogrooves sind zum einen oft langsamer als Rockgrooves, so dass das ›Bum-Tschak‹ eine stärkere Nuancierung erhält. Diesen Bounce-Effekt verstärkt das auf der Zwei und auf der Vier eines Viervierteltaktes zuschnappende Hi-Hat-Becken des Schlagzeugs (›Bum-Tsi-Ak-Tsi-Bum-Tsi-Ak-Tsi‹). Dieser gleichmäßige, für sich allein bisweilen auch etwas stumpf wirkende Discorhythmus wird oft verfeinert durch darüber geschichtete Sechzehntelrhythmen von Schlagzeug, Rhythmusgitarre und Bass, die manchmal auch synkopiert sind und damit insbesondere die Verwandtschaft mit dem Funk zeigen beziehungsweise manchmal eine Unterscheidung von Disco und Funk schwierig machen. Gleich eines der frühen und für Disco als charakteristisch geltenden Stücke, »Bad Luck« von Harold Melvin & The Blue Notes (1974), zeigt diese Verwandtschaft. Schlichter, also discotypischer im Groove, wirken »Kung Fu Fighting« von Carl Douglas (1974) oder »Never Can Say Goodbye« von Gloria Gaynor (1974) oder »That's the Way (I Like It)« von KC and the Sunshine Band (1975). Letztere Stücke zeigen auch weitere typische Discoelemente der orchestralen Produktion mit Streichern, Bläsersätzen und Chören.

Disco umspannt bald so unterschiedliche Musikerinnen und Musiker wie Barry White und die Bee Gees, dann kommen europäische, sogar typisch deutsche Akzente dazu: Frank Farian verbindet mit seiner Castingband Boney M. Disco mit Karneval, und Giorgio Moroder entwirft für Donna Summer den »Munich Sound« der Discomusik, den Ernst Hofacker in seinem Buch *Die 70er* (2020) als richtungsweisend für House, Techno und Electro, aber auch für die Popmusik schlechthin beschreibt.

Disco setzt zunächst mit seinem offensichtlichen Integrationspotential große utopische Energien frei – man denke etwa auch an die Village People mit »Y. M. C. A.« (1978) –, sorgt dann aber bald auch für vehemente Ablehnung, die in der »Disco Demoliton«-Bewegung eskaliert. Spätestens mit dem Film *Saturday Night Fever* und dem zugehörigen Soundtrack (1977) sei Disco *safe* für den weißen Mainstream der Mittelklasse geworden, schreibt Andriote mit einem despektierlichen Unterton. Er kritisiert, dass die Bee Gees »ein weißes Gesicht« auf eine im Grunde schwarze Musik geklebt hätten – das ist die Neuauflage des Vorwurfes, Weiße könnten oder dürften keinen Blues und keinen Rock 'n' Roll spielen. Auch andere Bücher über das Phänomen Disco haben die Tendenz, die erfolgreicheren weißen Gruppen und Musikerinnen und Musiker des Genres in diesem Sinne zu tadeln oder ihre Bedeutung herunterzuspielen mit der mehr oder weniger offen geäußerten Begründung, sie hätten kulturelle Aneignung betrieben.

Dieser Ansicht soll hier widersprochen werden in der Überzeugung, dass die Geschichte der Popmusik ohne einen emphatisch-positiven Begriff von kultureller Aneignung gar nicht denkbar wäre – erst recht und insbesondere nicht die Geschichte von ABBA. Und zur Geschichte der Discomusik gehört, neben vielen anderen Gruppen und Faktoren, auch der Beitrag von ABBA. Die schwedische Band hat die Spielart Eurodisco entscheidend geprägt, und vielleicht ist ihre Bedeutung hierfür, gerade angesichts einiger wenig bekannter Songs, noch gar nicht ausreichend gewürdigt worden.

Lights Are Gonna Find Me: im Showanzug, 1974

Das heißt allerdings nicht, dass aus jeglichen Discoansätzen heraus immer Glanzstücke entstanden wären. Wie bei vielem Experimentellen an den ABBA-Arrangements und Sounds verhält es sich auch mit dem Einsatz von Discoelementen: Manchmal wirkt er wie ein Gimmick, das nicht völlig im Gesamtkonzept eines Songs aufgeht, und manchmal gelingt er so genial, dass zusammen mit den sonstigen ABBA-Qualitäten etwas klanglich völlig Neues entsteht.

Auf dem 1974 erschienenen Album *Waterloo* erlebt man noch die Paradoxie, dass ein Stück mit einem programmatischen Titel wie »Dance (While the Music Still Goes On)« zwar viele Qualitäten aufweist, etwa die an Phil Spector erinnernde

»Wall of Sound«, also eine überbordende Instrumentierung, außerdem die Modulation in eine andere Tonart –, aber Tanzbarkeit gehört nicht dazu. Hier ist von Disco, überhaupt von Groove, noch keine Spur, das Stück scheint eher noch Doo-Wop-nostalgisch in den 1960er Jahren festzuhängen. Ganz anders dagegen »My Mama Said« auf demselben Album: Hier würde man auf Anhieb nicht glauben, derselben Musikgruppe zuzuhören wie beim zuvor genannten Lied. Im Gegensatz dazu ist dieses ein luftiges Stück ohne Schnickschnack, mit wenigen, sehr klar definierten Instrumentalspuren, einem sehr funky gespielten Bass mit virtuosen Melodien und einem trocken-coolen Schlagzeugsound, purer Rhythmus. Und Agnetha und Anni-Frid singen plötzlich nicht mehr engelsgleich, sondern kühl und reserviert. Auch dadurch entsteht im Verhältnis zum Titel eine gewisse Ironie; was »My Mama Said« aber leider zum großen Hit fehlt, ist ein eingängiger Refrain. Beides zusammenzubringen, Disco und Eindringlichkeit, will auf diesem Album noch nicht vollends gelingen.

Mit dem Album *Arrival*, dessen Titel in dieser Hinsicht programmatisch wirkt, ändert sich das 1976 schlagartig: Nach einem Rückfall zum Rock 1975 kommt die Gruppe nun mit dem darauf befindlichen »Dancing Queen« vollends in der Discoära an. Im vorausgehenden Kapitel bereits für seinen elegisch-hintergründigen Text gelobt, wird das Stück erst perfektioniert durch die thematische Verzahnung der darin beschriebenen Discoszenerie mit der dazu passenden Musik. Der Discogroove des Liedes ist jedoch ein Zeitlupengroove. Man könnte auch von einer ›Entdeckung der Langsamkeit‹ sprechen, denn die Besonderheit des *slow disco* hat die Band noch in einigen anderen Stücken kultiviert, ganz phantastisch und *laid back* etwa bei »The Name of the Game«.

Ganz in Weiß: eine Band aus zwei Liebespaaren, 1976

ABBAS musikalische Entwicklung ist aber nicht nur mit Songwriting und Arrangement, sondern maßgeblich auch mit der Entwicklung der Studiotechnik in den 1970er Jahren verbunden. Der schwedische Toningenieur Michael B. Tretow, dessen Bedeutung für die Gruppe gar nicht zu überschätzen ist, hat das rückblickend in Interviews treffend beschrieben, so etwa in einem auf YouTube verfügbaren aus dem Jahr 1992: ABBA hätten begonnen in einer Zeit, in der studiotechnisch zunächst einige Jahre lang »nicht viel passierte« – und dann sei es plötzlich losgegangen mit »mysterious boxes that sounded crazy«. Es erinnert ein bisschen an die deutsche Band BAP, in der etwas später ein Streit über den Gebrauch sogenannter

»Fischkisten« ausbrach – also über den Einsatz von Synthesizern. Die Entwicklung der Synthesizer hat während der prägenden ABBA-Jahre einen entscheidenden Schub erhalten, aber auch die gesamte Studiotechnik hat sich stark verändert. Es wurde plötzlich möglich, viel mehr Tonspuren aufzunehmen und zu mischen als zuvor, und dann kamen digitale Effekte und die Möglichkeiten eines digitalen Masterings hinzu. ABBA wurde in der Musikszene bald nicht mehr nur dafür bewundert, Hits zu *schreiben*, sondern auch dafür, sie überaus akribisch zu *produzieren*. Interessanterweise wollte das so recht nur in Stockholm gelingen und nirgendwo sonst auf der Welt, sofern man den Anekdoten Glauben schenkt.

In den späten 1970ern gab es tatsächlich allerlei Experimente im Studio, die viele neue Klangeffekte ermöglicht haben, in gewissen Genres aber auch ruinös wirkten: So manche Rockband, die vorher einen distinkten Sound hatte, wurde plötzlich durch Überproduktion bis zur Unkenntlichkeit entstellt. Ganz anders bei ABBA: Hier hat man den Eindruck, dass mehr Technik im besten Fall zu einem klarer definierten, immer minimalistischer werdenden Discosound geführt und der Band gutgetan hat. Es verwundert nicht, dass Tretow sich etwa an Experimente mit nassen Handtüchern auf Trommeln und alten in die Bassdrum gelegten Lappen erinnert. Dies könnte den ab 1977 deutlich lässiger und zugleich präziser (ja, das ist möglich) wirkenden Schlagzeugsound vielleicht ganz gut erklären, wie man ihn etwa bei »The Name of the Game« hört – was für ein ultracooler Groove in der Strophe! – oder auch in dem, gerade in der Langversion, einen in seinen Groove geradezu einlullenden Stück »Eagle«. Nicht von ungefähr ist ABBA auch bei manchen Schlagzeugern beliebt – auch solchen aus ganz anderen Genres. So hat etwa Dave Grohl, erst bei Nirvana an den Drums und seit 1995 Sänger und Rhythmusgitarrist bei der Hard-Rock-Band Foo Fighters, seine große Verehrung für ABBA bekundet und angesichts ihres Comebacks gesagt, er würde jederzeit als Schlagzeuger bei ihnen einsteigen, wenn man ihn frage.

In der rhythmisch und klanglich abgebrühten Manier machen ABBA mit *Voulez-Vous* 1979 direkt weiter. Das Titelstück ist *stone cold disco* in Perfektion, alles daran beißt. Schnappender Gesang, der sich ausnahmsweise mal eher nicht um große oder komplizierte Liebe, sondern um einfachen Sex dreht (»Nothing promised, no regrets«) und Bigband-Bläsereinwürfe wie aus der Stanzpresse. Eingestandenermaßen war das Lied der Versuch, es der Band Chic nachzutun und wie diese mit »Le Freak« (1978) einen Discohit in ›Franglais‹ zu schreiben. Karl French (!) ist der Meinung, das Stück klinge wie vom Soundtrack eines fiktiven Softpornofilms namens »Disco Emmanuelle«, und so falsch liegt er damit nicht. Noch deutlicher wird der Wunsch nach physischer Liebe in »Gimme! Gimme! Gimme! (A Man After Midnight)«. Der dreifache Imperativ wird wiederum durch einen Discobeat untermauert, bei dem jeder versteht: Die Sache ist ernst. Schade eigentlich nur, dass die ABBA-Männer im zugehörigen Musikvideo immer diesen seltsamen Hüpfer an der Stelle machen, an der die Melodie ihren Oktavsprung macht. So ganz war ihnen das Alberne wohl noch nicht abhandengekommen.

Deutlich ist auf dem Album *Voulez-Vous* auch der Einfluss weiterer amerikanischer Discoproduktionen. ABBA sind meisterlich auch im Stehlen geworden: »If It Wasn't for the Nights« könnte ebenso gut ein Bee-Gees-Stück sein, man schließt die Augen und stellt sich die Gibb-Brüder beim Refrain vor. Agnetha und Anni-Frid haben gegenüber diesen Herren den Vorteil, dass ihr Kopfstimmengesang weniger affektiert klingt –

vielleicht sind ABBA also die besseren Bee Gees? Bevor wir uns hier aber Ärger einhandeln, kommen wir lieber zum Endpunkt der Entwicklung in ABBAS Discosound. Er versteckt sich auf dem Album *Super Trouper* (1980). Gerade hat man sich an dessen Mischung aus neuen Balladen und Singalong-Liedern gewöhnt, als an neunter Stelle noch das überraschende »Lay All Your Love on Me« erklingt. Mit diesem Lied ist ABBA plötzlich im puren Electropop angekommen – nur noch Synthesizer über einer fast roboterhaft anmutenden Rhythmusgruppe. Damit hat die Band im Discogenre etwas Neues, sehr Eigenes geschaffen, das sich von den orchestralen Varianten abhebt und dabei menschlicher klingt als Moroders »Munich Machine«. »Lay All Your Love on Me« mag in seinem kalten Minimalismus, der schon auf Sounds wie die von Modern Talking oder Milli Vanilli vorausweist, zunächst befremden (auch der Reim von »emotion« auf »devotion« scheint den Weg zu Dieter Bohlen einzuschlagen). Die melodische Anmutung eines Chorals steht der sonstigen Kälte aber immerhin wärmend entgegen, zudem zieht das lyrische Ich in diesem Lied aus den Verletzungen das Fazit, nun »all in« zu gehen und um Liebe zu flehen: »Don't go wasting your emotion / Lay all your love on me«.

Während es in den 1970ern oft stigmatisiert war, sich zu ABBA zu bekennen, insbesondere als Anhänger avantgardistischer Musikstile, betonen inzwischen viele, dass ABBA produktionstechnisch zur Avantgarde gehöre und ganz neue Standards gesetzt habe. Das erklärt auch, warum ABBA unter Musikerkolleginnen und -kollegen teils schon in den 1970ern beliebt war – weil sich viele gern eine Scheibe von ihrem Sound abgeschnitten hätten (und das teils auch wirklich taten, wenn sie in ihren Polar Studios in Stockholm aufnahmen). Der britische Musikproduzent Pete Waterman etwa hebt hervor, dass man »gar nicht über ABBA reden kann, ohne über den Toningenieur der Aufnahmen zu reden«. Er stellt die Leistung von Michael B. Tretow und die von Björn Ulvaeus und Benny Andersson als Produzenten, was sie ja neben allem anderen auch noch waren, in eine Reihe mit Aufnahmen wie *Pet Sounds* von den Beach Boys oder *Sgt. Pepper's Lonely Hearts Club Band* von den Beatles. Allgemeine Anerkennung genießt Tretow insbesondere dafür, dass er die Fülle von Instrumenten und Stimmen insbesondere in der Discophase im Gesamtklangbild so kanalisiert und reduziert hat, dass die Aufnahmen dennoch klar und luftig, nicht überladen wirkten. Man hat Tretow deshalb ebenfalls öfter als fünftes Bandmitglied bezeichnet; wenn Stig Anderson aber auch schon als ein solches gälte, wären ABBA damit sogar zu sechst. Und auch damit hört es nicht auf, denkt man an die substantiellen Beiträge des Bassisten Rutger Gunnarsson und des Schlagzeugers Ola Brunkert, die bei allen Aufnahmen der Band mitwirkten, ferner an die des Gitarristen Janne Schaffer und des Schlagzeugers Slim Borgudd bei einigen Produktionen.

Die Integration, Verfeinerung und teils auch Verfremdung von Discoelementen ist musikalisch nur eine Facette unter anderen – allerdings, so will es uns scheinen, die entscheidende für ABBAs Originalität. Neben solcher Originalität hat ABBA interessanterweise aber auch, so paradox das klingen mag, auf das Gegenkonzept der Vertrautheit gesetzt: Zusätzlich zu jenen Songs, die man als ihre Signatursongs bezeichnen könnte, haben sie stets eine Reihe von Genrestücken auf jedem Album platziert. Anlageberater würden das als ›breites Streuen‹ bezeichnen. Es ist beachtlich, wie ABBA innerhalb von kaum zehn Jahren sowohl kompositorisch als auch vom Sound her so ziemlich alles ausprobiert hat. Das mag kaum auffallen, wenn man nur ihre berühmtesten Hitsingles kennt, fasst man aber die gesamte Produktion ins Auge, ist es schlagend: ABBA hat Folk, Country, Mainstreampop, Rock, Progressive Rock, Funk, Reggae, Disco und schließlich eine Art von Science-Fiction-Pop gemacht. Wenn man statt der Einteilung des Werks nach Alben eine Sortierung nach Genres vornähme, könnte man mühelos Sampler zusammenstellen, die ABBA als lupenreine Rocker, als volksnahe Balladensänger oder eben als Avantgardepopper präsentieren. Vielleicht würde auch der Begriff »Electrolore«, ein Kompositum aus Electro und Folklore, das ein deutscher Musiker mit dem Künstlernamen Alexander Marcus geprägt hat, ganz gut passen. Seine Eigenart, Clubmusik mit Schlagertexten zu verbinden auf einer fiktiven Insel namens Papaya, wird zumindest die mit ABBA Vertrauten nicht überraschen.

Auf einen musikalischen Nenner wird man die hakenschlagende Band ABBA aber dennoch nicht bringen. Was für einen erstaunlichen Weg hat sie in wenigen Jahren doch zurückgelegt! Besonders überraschend ist auch der Weg, den sie mit ihrem vorerst letzten Album vor der langen Trennung, *The Visitors* (1981) eingeschlagen hat.

Die – wir erinnern uns – nach eigenen Aussagen lange Zeit unpolitische Gruppe überrascht darauf mit einem Titelstück, das sich offen gegen totalitäre Regime richtet und die Angst, in solchen zu leben, in Text und Musik spiegelt. Wer sich noch an die Erwähnung einer »strange melody« aus »The Piper« vom Vorgängeralbum erinnert, der erfährt hier, was damit wohl gemeint sein könnte: Die Einleitung zu *The Visitors* gehört wohl zu den seltsamsten, die es im Mainstreampop je gab. Aus einem Synthieteppich erheben sich die stark verfremdeten Stimmen der ABBA-Sängerinnen, deren Effekt fast wie Autotune *avant la lettre* wirkt. Es scheint ewig zu dauern, bis dieses Lied richtig losgeht, und dennoch kann man ihm eine gewisse Eingängigkeit nicht absprechen. Aber welchem Genre es eigentlich zugehört, ist kaum zu sagen – vielleicht einer Art Technorock. Der Rest des Albums ist eine Mischung aus hochtheatralischen Musicalstücken (wie »I Let the Music Speak«), weiteren latent politischen Songs (wie »Soldier«) – und natürlich auch wieder Balladen, die manche für ABBAs stärkste überhaupt halten (»One of Us«, »Slipping Through My Fingers«). Dass die Schweden aufnahmetechnisch zur Avantgarde zählten, zeigt sich auch daran, dass das Album eines der Ersten war, das jemals im Digitalformat aufgenommen, gemischt und produziert wurde.

Interessanterweise findet ausgerechnet *The Visitors* eher die Gunst der Kritikerinnen und Kritiker als manches Werk davor. Es mag auch an dessen Reife, ja Abgeklärtheit liegen: Dies ist, man sagt es den Kindern unter den ABBA-Fans nur ungern, wirklich ein Album für Erwachsene. Das Lied »When All Is Said and Done« enthält die angesichts früherer Happy-Songs äußerst abgebrüht klingenden Zeilen: »In our lives, we have walked some strange and lonely treks / Slightly worn, but dignified, and not too old for sex«. Wer *The Visitors* womöglich gar nicht kennt und heute erstmals hört, hätte auch in diesem Fall Schwierigkeiten zu glauben, dass es überhaupt von derselben Gruppe stammen soll, die nur sieben Jahre vorher »Waterloo« aufgenommen hat. Jenseits der persönlichen Verwerfungen der Bandmitglieder kann man sich allerdings auch fragen, ob ABBA mit diesem Album sowohl musikalisch als auch inhaltlich einen Endpunkt erreicht hatte, nach dem nichts mehr kommen konnte. So sah es dann ja auch fast vierzig Jahre lang aus.

Die Studioalben

Ring Ring, 1973

Wenn wir ehrlich sind, ist das Debütalbum von ABBA noch kein großer Wurf. Man hört eine Band auf der Suche nach ihrer Bestimmung. Das Titelstück hat immerhin Ohrwurmqualitäten und »Another Town, Another Train« gleich zwei Besonderheiten: Hier übernehmen die Männer den Leadgesang, und für die Single wurde als B-Seite eine deutsche Version mit Text von Fred Jay aufgenommen, der Titel: »Wer im Wartesaal der Liebe steht«.

Waterloo, 1974

Der Sieg des Titelstücks beim *Grand Prix* begründete ABBAs Weltkarriere. Die restlichen Songs wurden zwar nicht die größten Hits und sind teils ziemlich albern (»King Kong Song«) – zeugen aber schon davon, wie versiert die Band in völlig unterschiedlichen Genres musizieren kann. Erstaunlich etwa der trockene Funkgroove von »My Mama Said«.

Abgesehen von den theatralischen Stücken, die zu ABBA-Signatursongs werden sollten (»Mamma Mia« und »S. O. S.«), fällt auf, dass die Band noch einmal deutlich Territorium im Rock beansprucht. Davon zeugt, mehr noch als »Rock Me«, besonders die Glamrocknummer »Hey, Hey, Helen«. Warum auch die Fünfzigerjahre-Schlagerparodie »I Do, I Do, I Do, I Do, I Do« nötig war, werden nur Hardcorefans verstehen.

ABBA, 1975

Jetzt wird es richtig ernst. Von den Liedern »Dancing Queen«, »Knowing Me, Knowing You« und »Money, Money, Money« ist jedes einzelne ein Gesamtkunstwerk, aber das Album hat noch viel mehr zu bieten. Etwa das hintersinnige »When I Kissed the Teacher« und das Instrumentalstück »Arrival«, das ABBAs Bedeutung für die elektronische Musik mitbegründete.

Arrival, 1976

ABBA – The Album, 1978

Mit dem Eröffnungsstück »Eagle«, das es auch in einer »Extended Version« gibt, beschreiten ABBA weiter den Weg des futuristisch-dystopischen Synthierock – nur um dann schon wieder einen Haken zu schlagen und mit »Take a Chance on Me« einen Happy-Go-Lucky-Tanzhit abzuliefern. Und dann noch einen Haken, indem sie mit drei Songs aus einem Mini-musical über »The Girl With the Golden Hair« überraschen. Einer davon ist »Thank You for the Music«.

Voulez-Vous, 1979

Ein durchgestyltes Discoalbum mit großem Sexappeal? Das könnte man angesichts des Titelstücks und der Coverdarstellung anneh-men. Auch »If It Wasn't for the Nights« bekräftigt den Schritt zum Zeitgeist – und dann fällt die Band schon mit dem nächsten Schritt, zur auf der ganzen Welt anschluss-fähigen Volksmusikballade »Chi-quitita«, wieder völlig aus der Zeit. Das bekräftigt sie noch mal mit einem Lied für alle Altersgruppen: »I Have a Dream«.

Längst gibt es keine Kategorien mehr für ABBA, auch für dieses Album nicht. Es schließt an Balladen- und Folktraditionen ebenso an (»Our Last Summer«, »The Piper«), wie es neue Maßstäbe für die elektronische Tanzmusik setzt (»Lay All Your Love On Me«). Mit »Happy New Year« findet sich ein weiteres Minimusical, das seinerseits die (Liebes-)Geschichte der Band enthält. Und dann zieht »The Winner Takes It All« einem den Boden unter den Füßen weg.

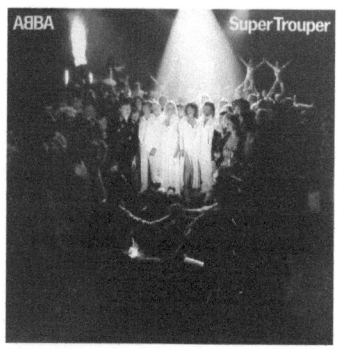

Super Trouper, 1980

Ein Album, das weniger eingefleischte ABBA-Fans oft gar nicht kennen – zu Unrecht, denn dieses schon in seiner Covergestaltung eindrucksvolle Werk kommt einem Konzeptalbum deutlich näher als alle bisherigen. Viele Stücke stehen allerdings im Zeichen von Nostalgie oder Trauer – vor allem das eingängige »One of Us« und das für sich selbst sprechende »When All Is Said And Done«. Auf späteren Versionen auch enthalten war die erst 1982 veröffentlichte Single »The Day Be-

The Visitors, 1981

fore You Came«, die noch mal eine ganz neue, an Leonard Cohens lange Songgeschichten erinnernde Seite der Band offenbart.

Voyage, 2021

Das Comebackalbum nach der wohl längsten Pause der Popgeschichte ist ein *grower*. Die größtenteils nostalgischen Lieder (»I Still Have Faith in You«, »When You Danced With Me«) machen alle, die auch auf ein Comeback der Tanzbarkeit hoffen, bald etwas ungeduldig. Dann aber platzt mit »Don't Shut Me Down« der Discoknoten. Und das mit Assoziationen zur Bandgeschichte und zum Privatleben der Mitglieder hochaufgeladene »I Can Be that Woman« wirkt wie ein riesiges Trostpflaster für alle, die über Trennungen nicht hinweggekommen sind.

Scheiden tut weh: ABBAs Autofiktion zwischen traditioneller und moderner Gesellschaft

Die Ende 1982 in einem Fernsehinterview angekündigte »Pause« von ABBA, die wohl vielen eher wie eine endgültige Scheidung erschien, eröffnete noch mehr Räume für das Nachdenken über das, was in den knapp zehn Jahren zuvor mit dieser Band geschehen war – nicht nur, was ihre Musik und ihre Karriere betrifft, sondern auch zwischenmenschlich. ABBA war eben nicht nur ein musikalisches Phänomen, sondern in viel höherem Maße als die meisten anderen Popgruppen auch ein gesellschaftliches. Die Scheidungen der beiden Paare, die die Band konstituierten, fielen in eine Zeit, in der Ehescheidungen gerade erst deutlich, in manchen Ländern sprunghaft, zugenommen hatten. Zur Orientierung: Laut Statistischem Bundesamt lag die Scheidungsrate in der Bundesrepublik Deutschland 1960 bei etwa 10 Prozent, 1970 bei etwa 18 und 1980, dem Jahr der Veröffentlichung von *Super Trouper*, bei etwa 28 Prozent. Bis 1995 sollte sie auf über 50 Prozent steigen, heute liegt sie bei rund 40 Prozent.

Und die Scheidungen der Paare fielen in eine Zeit, in der die Scheidung und ihre Begleiterscheinungen gerade erst zu einem breit rezipierten und diskutierten kulturellen Thema geworden waren – man denke exemplarisch etwa an Robert Bentons gelobten wie umstrittenen Spielfilm *Kramer vs. Kramer* (1979) mit Meryl Streep und Dustin Hoffman. Hier blitzen jene Zerfleischungen eines Paares auf, die sich bei ABBA in Liedern wie »Knowing Me, Knowing You« oder »The Winner Takes It All« niederschlagen: »The judges will decide / The likes of me abide«.

So spiegelt sich die Spannung zwischen alt und neu, die man in ABBAS Musik ausmachen kann, auch in ihrem Leben und in dessen künstlerischer Verarbeitung. Das Privatleben der Bandmitglieder wurde über Jahre unter dem Brennglas des (Klatsch-)Journalismus für alle Welt medial zur Schau gestellt: zwei Liebespaare, auf Schritt und Tritt verfolgt, bis in die Privatgemächer und bis zum Krankenhaus bei der Geburt ihrer Kinder. Wie war es dazu gekommen? Blicken wir noch einmal zurück auf die Formationsphase der Band. Sie verrät, dass ihr Ruf von Anfang an auf dem Bild des doppelten Liebespaares gegründet war. Ihren ersten Auftritt am 1. November 1970 hatten die vier unter dem Namen Festfolket. Er kann feierndes Volk bezeichnen, aber auch verlobte Paare. Und verlobt waren sowohl Anni-Frid Lyngstad und Benny Andersson als auch Agnetha Fältskog und Björn Ulvaeus seit eben diesem Jahr. Letztere heirateten 1971 in dem kleinen südschwedischen Dorf Verum, wobei Benny Andersson angeblich auf der Orgel eine Eigenkomposition namens »Wedding« spielte. Er und Anni-Frid Lyngstad ließen sich mit ihrer Heirat bis 1978 Zeit. Auf der ersten gemeinsamen Single, »People Need Love«, deren Liedtext schon von »marital harmony« träumt, nannten sie sich 1972 »Björn & Benny, Agnetha & Anni-Frid«. Dass es bei diesem umständlichen Bandnamen nicht blieb, ist wohl auch dem Manager Stig Anderson zu verdanken, der ihn für wenig er-

Zu schön, um wahr zu sein? In der Blumenwiese, 1974

folgversprechend hielt. Und so kam es schließlich zu einer Abkürzung der Vornamen in anderer Reihenfolge: ABBA. Diese wie in einen Baum geritzten Buchstaben mussten doch auf die Welt wie der ewige Treueschwur eines doppelten Paares wirken. Und spätestens mit den Zeilen aus »Waterloo« – »Couldn't escape if I wanted to / Knowing my fate ist to be with you« – schien dieses Schicksal 1974 besiegelt.

Den glücklichen Zusammenfall von Liebe im Leben und Liebe im Lied mag es bei ABBA, wenn man dies denn so glaubt, für ein paar Jahre gegeben haben – aber nicht nur hatten die Bandmitglieder schon Karrieren vor ABBA, sondern teils auch Ehen und Familien. Um genau zu sein: Benny Andersson wurde bereits im Alter von 16 Jahren Vater eines Sohnes, er war damals mit seiner etwas älteren Mitmusikerin Christina Grönvall zusammen. Die beiden waren auch verlobt und bekamen bald noch eine Tochter. Sie trennten sich 1966, Andersson war da 19 Jahre alt. Nach der langen Beziehung, aber kurzen Ehe mit Anni-Frid Lyngstad heiratete er noch im Scheidungsjahr 1981 abermals, nämlich die Fernsehmoderatorin Mona Nörklit, mit der er noch einen Sohn bekam.

Anni-Frid Lyngstad heiratete 1964 mit 17 Jahren Ragnar Fredriksson und bekam mit ihm zwei Kinder, die Verbindung mit ihm hielt bis 1970. Nach ihrer Ehe mit Benny Andersson heiratete sie 1992 den Deutschen Heinrich Ruzzo, Prinz Reuß von Plauen, und fand nach dessen Tod einen neuen Lebenspartner in dem Engländer Henry Smith, dem Viscount von Hambleden.

Agnetha Fältskog und Björn Ulvaeus waren vor ihrer Hochzeit noch nicht mit anderen Partnern verheiratet, sie heirateten 1971 und haben zwei gemeinsame Kinder. Nach ihrer Scheidung 1980 vermählten sich beide neu: Ulvaeus schon im Folgejahr Lena Källersjö, mit der er zwei weitere Kinder bekam und deren Ehe bis 2022 hielt, und Fältskog 1990 Tomas Sonnenfeld, von dem sie sich drei Jahre später wieder scheiden ließ.

Und dennoch wirkte es in den ersten Jahren der Band für viele, als seien hier zwei Paare seit eh und je zusammen und würden es bis zum Lebensende bleiben. Ernst Hofacker nennt das »Narrativ«, das ABBA der Öffentlichkeit verkauft habe, »eines der erfolgreichsten in der langen Geschichte des Pop« und stellt es in eindrucksvoller Weise ins Verhältnis zu den Narrativen anderer großer Popmusiker: So seien die Beatles »die vier jugendlichen Beat-Brüder« und die Rolling Stones die »bösen Buben« gewesen; Bob Dylan der »genialische Poet«, Bob Marley der »Edle Wilde«, Elton John der »begabte Kindskopf« und

I Don't Wanna Talk: Björn und Agnetha, 1981

Donna Summer die »Sexgöttin und Prophetin der erotischen Entgrenzung«, schreibt Hofacker.

ABBA dagegen verkörperten ein ganz und gar kleinbürgerliches Idealbild, sie repräsentierten etwas, wo jeder gerne dazugehört hätte: zwei glückliche Paare, jung, modern, miteinander befreundet, die gemeinsam erfolgreich musizierten, wobei die Jungs die Arbeit machten, also komponierten, während die überaus hübschen Mädchen lächelten, tolle Kleider trugen und all die schönen Lieder sangen.

Und laut einer deutschen Fernsehdokumentation wirkten sie »wie brave Figuren aus der Puppenstube: verheiratet, bieder, harmlos, skandalfrei«. Dass dieses Image fruchtete, wird durch einige offenbar authentische Interviews mit Fans in Lasse Hallströms teils fiktionalem *ABBA: The Movie* (1977) tatsächlich bestätigt. Mehrere von ihnen beantworten die Frage, warum sie ABBA so mögen, damit, dass die Band so schön »clean« sei oder auch »nice and tidy«, also sauber, hübsch und aufgeräumt. Dies wird dann noch abgegrenzt von anderen »modernen Gruppen«, die auf der Bühne »positively ugly« erschienen: ABBA also abermals als Antithese zum schmutzigen Rock 'n' Roll, eine Gruppe, die auch bei den Kleinen schon beliebt sei, zumal diese den Bandnamen ja praktischerweise schon im Babyalter aussprechen könnten. Der Film bestätigt diese Beliebtheit auch, indem er die Heerscharen von Kindern zeigt, die auf Konzerten frenetisch »We want ABBA!« rufen und tief bewegt bei »Fernando« mitsingen, während er am Ende für die Erwachsenen auch die Möglichkeit eröffnet, dass die »sauberen ABBA« eine Projektion mancher Fans seien, die Band mit dem Image aber lediglich geschickt spiele.

Wenn das so gewesen sein sollte, ist es jedenfalls der britischen Musikkritikerin Lucy O'Brien entgangen. Für sie, die ein interessantes Buch über Frauen in der Popmusik geschrieben hat, ist besonders die Darstellung der ABBA-Sängerinnen ein Albtraum: Sie verkörperten ein allzu glattes »Mädchen von nebenan«-Image, stünden mit ihrem leuchtend blauen Lidschatten, ihren Glitzerhosen und Plateauschuhen für die »groben Gewissheiten der Teenagermädchenkultur der Siebziger« und wirkten an der Seite der Männer austauschbar, reduziert auf ihre Körper und ausgestellten Gesichter.

Waren die ABBA-Mitglieder nun also, obwohl sie doch modern sein wollten, hoffnungslos veraltet in jenen Rollenbildern, die sie in der Arbeitsaufteilung der Band, auf der Bühne und teils auch in ihrem der Öffentlichkeit präsentierten Leben zur Schau stellten? Nicht erst aus heutiger Sicht, sondern schon damals, in einer Zeit des erstarkenden Feminismus, konnte man ja fragen, warum überwiegend die Männer die Songs schrieben und die Frauen sie ›nur‹ singen sollten. Die handwerklich plausible, wenn auch vielleicht nicht gesellschaftlich oder moralisch befriedigende Antwort ist wohl relativ einfach: Was die Musik angeht, ist ABBA zum allergrößten Teil eine One-Man-Show: nämlich das Produkt Benny Anderssons. Ohne sein Genie, das musikalische Elemente verschiedener Epochen spielend zu etwas Neuem amalgamierte und den scheinbar leichten Melodien und Akkorden durch kompositorische Tricks melancholische Schwere verlieh, wären die ABBA-Songs nicht geworden, was sie sind – auch wenn die anderen Bandmitglieder gewiss ihre Talente haben und etwa Agnetha Fältskog, besonders in ihrer Karriere nach ABBA, sehr beachtliche Lieder geschrieben hat.

ABBAS Bühnenshow als spießig und kleinbürgerlich zu bezeichnen, griffe wohl zu kurz, auch wenn manche Versuche, Rockgesten ohne Rebellentum, Funk-Sexyness mit angezogener Handbremse und Karnevalsstimmung für die ganze Familie zusammenzubringen, durchaus in diese Richtung weisen. Aber im Gesamtbild, und erst recht mit Blick auf ihre Entwicklung, ist ABBA eine viel zu heterogene, immer wieder überraschende Band, als dass man sie einfach so abstempeln könnte.

Was die öffentliche Darstellung von Liebesbeziehungen und die Einstellung dazu angeht, ist interessant, wie sich zum Beispiel Björn Ulvaeus noch vor der Zeit von ABBA über die Ehe geäußert hat. Carl Magnus Palm erzählt dazu: »Im Jahre 1968 hatte er acht Monate eine Beziehung mit einem Mädchen namens Marianne Akermann, doch obwohl sie bereits gemeinsam als Pärchen interviewt wurden, war Björn so clever, über seine moderne Einstellung hinsichtlich der Beziehungen zum anderen Geschlecht zu philosophieren.« Ulvaeus habe gesagt: »Wir treffen uns immer nur dann, wenn wir es auch beide wirklich wollen. Es gibt keine Zwänge, jeder kann tun und lassen, was er will«. Und weiter: »Die Ehe ist längst überholt. Für mich macht es keinen Unterschied, ob man verheiratet ist oder nicht … Mit einer Heiratsurkunde ist man schließlich auch nicht mehr und nicht weniger.«

Das sah man bei ABBA (oder im Management der Band) wenige Jahre später dann wohl doch anders – zu verlockend war, sieht man von den in dieser Hinsicht schon gescheiterten Fleetwood Mac einmal ab, das Image des Doppelehepaares in einer Popgruppe, auch wenn Benny und Anni-Frid sich lange Zeit ließen, bis sie den Ehevertrag unterschrieben. Weiterhin bemühte sich Ulvaeus, der ja in gewisser Weise auch Sprecher der Band war, allerdings, die Gleichberechtigung zu betonen – immer wieder ist in Interviews davon die Rede, fast beschwörend. Wer ABBA übelwollte, könnte freilich in der in manchen Interviews sichtbaren Eigenart, dass oft zuerst die Männer antworten und manchmal auch nur die Männer reden, eine Bevormundung der Frauen erkennen. Vielleicht waren es die Frauen ihrerseits aber auch leid, über solche Themen zu sprechen: So haben sie sich beim Comeback der Band 2021, wie kolportiert wurde, entschieden, auf den Medienrummel ganz zu verzichten und diesen den Männern zu überlassen, die ihn sichtlich genossen.

Diejenigen, die ABBA in Bezug auf ihr Image und ihre Beziehungsdarstellung Spießigkeit vorwerfen, haben aber vielleicht doch eher die Frühphase der Band im Blick und vergessen oder ignorieren die späte. Wenn Ernst Hofacker – zu Recht – darauf abhebt, wie ungewöhnlich es war, dass die

Gruppe sich in Zeiten lange vor MTV oft schon in Musikvideos präsentiert hat, die den Mythos des Doppelpaares bildlich verstärkten, könnte man hinzufügen, dass sie ihn in den späteren Musikvideos geradezu zerstört hat.

Diese Videos verdienen eine gesonderte Betrachtung im Lichte der Liebesgeschichte ABBAs. Ungewöhnlich ist an ihnen, dass bei allen Lasse Hallström Regie geführt hat. Der 1946 in Stockholm Geborene ist wohl erst dadurch überhaupt dazu gekommen, später auch Spielfilme zu drehen, darunter *Gilbert Grape*, *Gottes Werk und Teufels Beitrag* und *Hachiko*, und sein ABBA-Film ist seinerseits eine Mischung aus Konzertmitschnitten und Musikvideos. Die frühen kurzen Musikfilmchen sind noch weit entfernt von den Kunstwerken aus Bewegtbild und Ton, die wenige Jahre später entstanden und solche Höhepunkte wie bei Michael Jacksons »Thriller« oder Peter Gabriels »Sledgehammer« erreichten – und dennoch sind auch Hallströms teils noch wie Super-8-Filmchen vom Familienurlaub wirkende ABBA-Videos sehr aufschlussreich für die Geschichte des Genres wie für die der Band. Insgesamt sind es sage und schreibe 25 Videos geworden, von »Ring Ring« (1973) bis zu »Head over Heels« (1982), und wenn man die anderssprachigen Versionen extra zählt, sogar noch mehr.

Sie zeugen von etwas, was man mit dem in der Literaturkritik seit einigen Jahren sehr populären Begriff der Autofiktion beschreiben könnte. Er bezeichnet einen Text, in dem eine Figur, die klar als dessen Autor oder Autorin erkennbar ist, in einer als fiktional gekennzeichneten Erzählung auftritt. Diese Situation könnte man in vielen Liedtexten von ABBA für gegeben halten, besonders jenen, die sich mit Liebe, Paarleben, Streit und Trennung befassen (sofern man denn das, was über das Privatleben der ABBA-Mitglieder zu erfahren war, für faktuale Erzählungen hält). Dass es sich bei den Liedern aber um Fiktionen in Abgrenzung von einer behaupteten Wirklichkeit handelt, zeigt sich etwa an den Äußerungen von Agnetha Fältskog und Björn Ulvaeus über »The Winner Takes It All«. Beide ehemaligen Ehepartner haben, während oft spekuliert wurde, wem denn welche Rolle aus dem Text in der Wirklichkeit zukommt, oft betont, dass es bei einer Scheidung keinen Gewinner gebe.

Der autofiktionale Effekt wird bei ABBA noch massiv verstärkt durch die erwähnten Musikvideos. Während andere Gruppen sich durch Videos oft von wirklichkeitsbezogenen Lesarten abgrenzen oder diese dazu nutzen, künstlerisch dem Lied noch ganz andere Ebenen hinzuzufügen, statt es zu bebildern, hat man bei ABBA-Videos permanent das Gefühl, sie handelten nur von den Protagonistinnen und Protagonisten selbst. Mit den ästhetisch noch limitierten Effekten dieser Kunstform in den Kinderschuhen inszenieren sie ein ums andere Mal die ABBA-Paare als Turteltäubchen. In »I Do, I Do, I Do, I Do, I Do« sieht man die ABBA-Frauen als Heimchen vom Lande, die zum Jawort willig scheinen, in »Bang-a-Boomerang« gibt es romantische Zusammenstöße. In »That's Me« sieht man die beiden Paare sich küssen, teils auch als Scherenschnitte ihrer selbst. Auch in »The Name of the Game« erscheinen sie in trauter Viersamkeit, heimelig in bunten Pullovern bei Brettspielen.

In »Knowing Me, Knowing You«, das wie die beiden zuvor genannten Videos 1977 gedreht wurde, sieht die Sache dagegen schon ganz anders aus: Es gibt zwar noch Umarmungen, die aber schon zu Standbildern eingefroren und somit als Rückblenden markiert werden; bei der Zeile »this is goodbye« haben Agnetha und Anni-Frid einen harten, abrechnenden Gesichtsausdruck. In »Happy New Year« singt Agnetha vom Sofa in einem Wohnzimmer aus die Zuschauenden an, während man von einem Mann, der wohl Björn sein könnte, die ganze Zeit über nur den Rücken sieht, weil er unbewegt am Fenster steht und hinausstarrt. Spätestens hier ist der Heile-Welt-Mythos abgewickelt. In »The Winner Takes It All« schließlich stellen die inzwischen bereits getrennten Agnetha Fältskog und Björn Ulvaeus theatralisch ihre eigene Trennung nach: zerrissene Umarmungen. Im Video zu »One of Us« sieht man schließlich Agnetha Fältskog eine neue Wohnung einrichten, Stück für Stück, mit hübschen Möbeln und Platten im Regal. Es ist eine Singlewohnung.

Was besonders auffällt an diesem Video: Die meiste Zeit zeigt es nur Agnetha und Anni-Frid, erst ganz spät kommen noch die beiden Männer ins Bild, in getrennten Aufnahmen. Und was noch bemerkenswert ist: Keiner lächelt mehr. Es mochte ja manchen auch schon genervt haben, wie insbesondere Björn Ulvaeus, so auch in den Konzertaufnahmen, geradezu auf Knopfdruck ein Grinsen auflegen konnte, sobald eine Kamera auf ihn gerichtet war – aber dennoch wirkt es im Gegensatz dazu schmerzhaft, die vier ABBA-Gesichter als abgeklärte Vereinzelte zu sehen, die dezidiert keine Miene mehr verziehen und denen offenbar das Lachen vergangen ist.

Schien es also zunächst über Jahre opportun, den Doppelpaarstatus für die mediale Darstellung der Band auszuschlachten, so wurde nun umgekehrt die Individualität insbesondere der beiden Sängerinnen zur Schau gestellt. In der Spätphase der formativen ABBA-Jahre durchliefen die beiden einen unübersehbaren Imagewandel, am deutlichsten mit Anni-Frid Lyngstads hennarotem Kurzhaarschnitt. Besonders hervorgehoben und reflektiert wird dieser neue Look im Musikvideo zu

Band on the Run: Oslo, 1977

»Head over Heels«, das sie bei der Selbstbetrachtung im Spiegel zeigt, bevor die Liedzeilen »Breaking her way / Pushing through unknown jungles every day« erklingen. Auch dies sind interessanterweise ja Zeilen, die Björn Ulvaeus für die Sängerin verfasst hat: Soll man das nun progressiv oder bevormundend finden?

Was ihre Karrieren betrifft, müssen ohnehin weder Anni-Frid noch Agnetha sich vorwerfen lassen, nur Anhängsel zu sein: Beide hatten ja schon vor ABBA als Solokünstlerinnen Erfolg, und auch während der Hochphase der Band haben sie daran angeknüpft, teils mit feministischem Impetus. So hat Agnetha Fältskog 1975 das Soloalbum *Elva kvinnor i ett hus* (›Elf

Frauen in einem Haus‹) veröffentlicht, Anni-Frid Lyngstad im selben Jahr *Frida ensam* (›Frida allein‹). Später haben sie sich programmatisch weiter als Einzelgängerinnen präsentiert. »I Stand Alone«, sang Agnetha Fältskog 1987 auf dem gleichnamigen Soloalbum, und Anni-Frid ließ ihr schwedisches Album *Djupa andetag* (›Tief durchatmen‹) 1996 mit dem darauf einzigen von ihr selbst geschrieben Lied »Kvinnor som springer« (›Frauen laufen‹) ausklingen, in dem es (in Übersetzung) heißt: »Frauen laufen gegen den Wind«, dafür »mit den Wölfen« oder »im Einklang mit den Löwen«, in ein ganz neues Leben und in eine ganz neue Zeit.

Die äußerliche Veränderung der ABBA-Sängerinnen um 1982 in Mode, Make-up und Frisur hat aber wohl nicht nur mit privaten Geschichten zu tun, sondern auch mit einem Wandel von Frauenrollen in der Popmusik überhaupt: Ende der 1970er, Anfang der 1980er Jahre zeigen sich hier bahnbrechende Veränderungen, denkt man etwa an Chrissie Hynde, Grace Jones oder Madonna. Auch etwa Olivia Newton-John, die ja in gewisser Parallelität zu ABBA Karriere machte und in den 1970ern noch als keusches Häschen aufgetreten war, torpedierte dieses Image erst mit Rockchic in dem Musikfilm *Grease* neben John Travolta (1978), dann mit Kurzhaarschnitt und Stirnband in ihrem zeitgeschichtlich markanten Musikvideo zu »Physical«, das Ende 1981 einen Höhepunkt der feministischen Aerobicphase mit gesungenen Selbstermächtigungsbotschaften verband.

Als weiterer Schritt in diesem Sinne ist Agnetha Fältskogs Autobiographie *As I Am* zu verstehen, die sie in den 1990er Jahren veröffentlichte und darin mit einigen abrechnete – das waren aber nicht Ulvaeus und Andersson, sondern meist Journalisten, durch die sie sich bedrängt oder falsch dargestellt sah.

Anspielend auf das bereits beschriebene Bild vom paradiesischen Inseldasein auf Viggsö hatte Agnetha Anfang der 1980er auch schon in einem Interview gewarnt, sie werde die ABBA-Insel demnächst verlassen müssen. In ihrem Buch beschreibt sie einen Punkt, an dem ihr Schweigen und Yoga wichtiger geworden seien als alles, was mit Musik zu tun hatte.

Beide Facetten der ABBA-Autofiktion, sowohl die der Harmonie als auch die der Gebrochenheit und Neuorientierung, waren überaus wirksam: »They basically live-blogged their respective divorces in disco ballads«, schrieb einmal ein Kritiker, und für viele Fans war die Erschütterung, die der Bruch der Paare und der Band auslöste, so stark, dass sie sich auch auf deren Leben zu übertragen schien.

Umso größer war die Überraschung, als 2021 das für unmöglich Gehaltene geschah und die Band doch noch einmal zusammenfand. Der Autofiktion wurde damit ein bedeutendes Kapitel hinzufügt: Auch die Songs handeln nämlich von einer Wiedervereinigung oder zumindest Annäherung nach langer Zeit. Und es drängt sich, etwa bei dem Lied »I Can Be that Woman«, die Vorstellung auf, dass die darin beschriebenen Figuren dieselben sind, die etwa in »Knowing Me, Knowing You« oder »The Winner Takes It All« aufgetreten waren. Die alten Verletzungen sind durchaus noch spürbar, aber in der Erkenntnis, dass beide damals nicht die Menschen wurden, die sie hätten sein können, folgt die Bekundung, dass sie es immer noch werden könnten: »You're not the man you should have been / I let you down somehow / I'm not the woman I should have been / But I can be that woman now«. Vor dem inneren Auge sieht man dabei die Figuren aus den alten Hallström-Musikvideos in Zeitlupe wieder aufeinander zukommen und sich schließlich in die Arme fallen: Der Bruch von damals ist endlich doch noch verheilt. Dass diese Pointe auch für viele Fans, die in die ABBA-Songs ihre eigene Liebesgeschichte hineinprojiziert haben, wiederum erschütternd wirkt, kann man sich leicht vorstellen. Dass anderen das wiederum wie ein allzu schönes Märchen erscheint, auch.

Highlights der Bandgeschichte

1974

Nach dem Sieg beim *Grand Prix d'Eurovision* in Brighton mit »Waterloo« wird die Single in 54 Ländern veröffentlicht und erreicht in vielen hohe Chartplatzierungen.

1975

Auf der schwedischen Folkpark-Tournee sorgen ABBA im Stockholmer Freizeitpark Gröna Lund für einen Besucherrekord (19 000 Zuschauer).

1976

Polen verwendet sein gesamtes Jahreskontingent für den Import von »Westmusik« (800 000 Schallplatten) für das ABBA-Album *Arrival*.

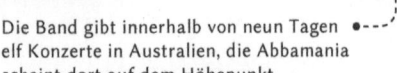

1977

Die Band gibt innerhalb von neun Tagen elf Konzerte in Australien, die Abbamania scheint dort auf dem Höhepunkt.

1978

Die Band investiert 500 000 US-Dollar in eine Werbekampagne, um auch in Nordamerika den Durchbruch zu schaffen.

1979

Die Single »Chiquitita« verkauft sich allein in Argentinien mehr als 500 000-mal.

The Winner Takes It All

ABBA

1980

Das Lied »The Winner Takes It All« wird in 21 Ländern zum Top-Ten-Hit.

Top-10 Hit

1981

»One of Us« wird die letzte von neun Nummer-eins-Singles von ABBA in Deutschland.

No. 1 Hit

1993

Die Kompilation *ABBA Gold* führt zu einem weltweiten ABBA-Revival und wird sukzessive zum erfolgreichsten Tonträger der Band.

ABBA

GOLD

GREATEST HITS

2022

Die Avatar-Show *ABBA Voyage* wird in London eröffnet.

Cheesy vs. *campy* –
ABBA als Quelle produktiver Ironie

Die Musik von ABBA taucht immer wieder an Stellen auf, an denen man sie nicht erwartet. Mitten in der Netflix-Krimiserie *Better Call Saul* gibt es eine Szene, in der die Hauptfigur Jimmy und ihr Bruder, der Staranwalt Chuck McGill, Jimmys bestandene Anwaltsprüfung feiern – in einer Karaokebar. Der jüngere, in seinem Leben strauchelnde Bruder singt krumm und schief, der ältere, erfolgreiche, will erst gar nicht mitmachen, fasst sich dann aber ein Herz und reißt schließlich doch das Mikrofon an sich, um triumphierend und unter aufbrandendem Applaus »The Winner Takes It All« zu singen: Damit wird emblematisch das Verhältnis der beiden und ihre Stellung im Leben zusammengefasst und gleichzeitig eine unheilvolle Andeutung gemacht. Es ist eine von vielen Hommagen an ABBA, die im Laufe der Jahre gerade auch in vermeintlich ABBA-fernen Kontexten entstanden sind.

Wer hätte etwa gedacht, dass ausgerechnet die Trip-Hop-Band Portishead ein Cover von ABBAS »S. O. S.« aufnimmt? Sie hat das Stück ihrem eigenen Stil völlig anverwandelt. Von der teilweise auch euphorischen Stimmung des Originals bleibt dabei nichts mehr übrig, man könnte fast von einer depressiven Hommage sprechen. So tiefschwarz ist auf einmal alles, dass sich die Frage stellt, ob das ironisch gemeint ist. Bei der deutschen Mittelalter-Metal-Band Feuerschwanz und ihrer Coverversion von »Gimme! Gimme! Gimme!«, zu der sie im Musikvideo in schlechten Kostümen herumhüpft, ist Ironie dagegen womöglich nicht intendiert, entsteht aber umso mehr in den Augen der Betrachtenden.

Dass ABBA ein leichtes Ziel für Spott ist, wurde früh erkannt: In einer der ersten Folgen der amerikanischen Comedyreihe *Saturday Night Live* war die Band 1975 zu Gast. Sie musste »S. O. S.« in der Kulisse einer untergehenden Titanic spielen, und während der Performance von »Waterloo« wurde ein Text eingeblendet, der besagte, sie sängen gerade zum Play-back. Ein Kommentator auf einem Fanportal ist der Meinung, die Band habe damals keine Ahnung gehabt, dass sie so durch den Kakao gezogen wurde. Er erkennt darin das »ABBA-Paradox«: Einerseits seien sie so große Stars gewesen, dass *Saturday Night Live* sie »einfach buchen musste«. Andererseits hätten sie »so dermaßen uncool« gewirkt, »dass die Show sich verpflichtet fühlte, sie zu verspotten, um ihr kulturelles Gütesiegel nicht zu verlieren«.

Eine ablehnend-hämische Haltung gegenüber ABBA gibt es zwar einerseits bisweilen noch heute, andererseits bot die vermeintliche Abgeschlossenheit des ABBA-Werks Anfang der 1980er Jahre auch eine gute Voraussetzung, es schon wenige Jahre später wiederzuentdecken und wieder aufleben zu lassen im Sinne einer Retromanie, wie der britische Musikjournalist Simon Reynolds sie in seinem wegweisenden Buch *Retromania* (2011) beschrieben hat. Das erklärt, warum es seit Jahrzehnten so viele erfolgreiche ABBA-Coverbands überall auf der Welt gibt, deren Erfolg einfach nicht abreißen will. ABBA ist heute integrierbar in die erstaunlichsten Konzepte, etwa bei einem Viergängemenü inklusive »ABBA Dinner Show« mit Schauspielerinnen und Schauspielern, die als Lookalikes der Bandmitglieder nicht nur singen und spielen, sondern auch noch zur Konversation am Esstisch bereit sind.

Ferner entstehen aber bereits seit den 1980ern auch interessante Mischformen aus Hommage und Parodie. Das australische Musikprojekt Björn Again, dessen Name kalauerhaft auf eine Wiedergeburt als auch auf Björn Ulvaeus anspielt, zeigt das deutlich. Die Namen der Bandmitglieder klingen ziemlich albern: Agnetha Falstart, Benny Anderwear, Frida Longstokin und Björn Volvo-us; das Klanggewand der ABBA-Songs ist dagegen am Original orientiert. Ein Konzert von Björn Again besucht man wahrscheinlich sowohl mit der Absicht, sich über ABBA lustig zu machen, als auch mit der, die Band zu feiern.

Auch die sehr beharrliche und über Jahre erfolgreiche ABBA-Parodie der BBC, die Metafernsehshow *Knowing Me, Knowing You* (1994 bis 1995, davor im Radio) des britischen Komikers Steve Coogan in seiner Rolle als Fernsehmoderator Alan Partridge zollt ABBA letztlich doch Respekt: schon in der unnachahmlichen Art, wie Partridge allein die Songzeile immer wieder bedeutungsvoll variiert und insbesondere dem »Aha!« hintergründige Bedeutung verleiht. In einer Sonderfolge singt er ein ABBA-Medley, das ihn wie einen großen Fan aussehen lässt. Coogan hat später in einem Interview bekannt, dass er ABBA liebe, und zudem erklärt, die Adaption ihrer Musik habe dazu gedient, die Band in einer Zeit, als sie (wir sind inzwischen nicht mehr überrascht, es zu hören) als uncool galt, auf eine »postmoderne Weise« zu würdigen.

In den frühen 1990er Jahren ist besonders in England ein ABBA-Revival auf ganz verschiedenen Ebenen zu beobachten.

Früh bekannt für extravagante Kostüme: Agnetha Fältskog um 1970

Das Electropopduo Erasure bringt 1992 eine EP mit dem Titel *ABBA-esque* heraus, auf dem es die Songs »Voulez-Vous«, »Lay All Your Love on Me«, »Take a Chance on Me« und »S. O. S.« neu interpretiert. Nicht nur die konsequente Fortsetzung des Synthieminimalismus, den ABBA um 1980 selbst mitbegründet hatte, sondern besonders die Musikvideos dazu sind aufschlussreich: Indem sie die beiden Erasure-Sänger Andy Bell und Vince Clarke in verschiedenen klischeehaften Frauenrol-

ABBAs Bedeutung für die LGBTQ-Szene

Warum ist ABBA besonders unter Menschen so beliebt, deren sexuelle Identität oder Orientierung ansatzweise unter den Sammelbegriff »queer« gefasst werden könnte? Auf diese Frage gibt es mehrere Antworten. Eine erste wäre die Ambivalenz eines ihrer größten Hits, »Dancing Queen«. Er scheint offen für viele Deutungen und bietet vielfältige Identifikationsmöglichkeiten. Bei diesem Lied ausdrucksvoll zu tanzen, zu posieren und schamlos mitzusingen, sei der Inbegriff für queeres Nachtleben geworden, schrieb Barry Walters 2021 in einem Artikel für die *Los Angeles Times*. Der Autor des angekündigten Buches *Mighty Real: The Music that Built LGBTQ America* schreibt, dass Discomusik in den meisten Clubs zunächst deutlich heterosexuell konnotiert gewesen sei. Als Mainstreammedien und Plattenfirmen Disco totgesagt hätten, sei ABBA von den DJs schwuler Clubs entdeckt worden, die oft auch lange Remixversionen hergestellt hätten, etwa von »Lay All Your Love on Me«. Wie viele andere hebt Walters zudem

len in Szene setzen, erzeugen sie eine Form der produktiven Ironie, die sehr vielschichtig ist.

Das, was an ABBA von manchen als spießig, als *cheesy* empfunden wurde, wird von Erasure gerade durch den Transfer in eine theatralische Schwulenszene deutlich als *campy* codiert: als betonte, augenzwinkernde Künstlichkeit. Wenn Vince Clarke etwa im Musikvideo zu »Take a Chance on Me« als staubsaugende Hausfrau obszöne Gesten macht, hat das Züge einer selbstbewussten, mit Stärke vertretenen sexuellen Orientierung. Im Video zu »S. O. S.« hingegen, das Andy Bell beim die Kostüme des Designers Owe Sandström hervor, die innerhalb der LGBTQ-Szene für Faszination sorgten. Obwohl die beiden Paare, die ABBA bilden, deutlich Heterosexualität ausstrahlten, sei die Band eine Art Leuchtturm für Gleichberechtigung, und ein Lied wie »Gimme! Gimme! Gimme! (A Man After Midnight)« sei zu einer vieldeutigen Hymne für sexuelle Befreiung geworden. Weitergetragen wurde die Faszination dann durch Adaptionen wie Erasures »ABBA-esque« (1992) sowie die Spielfilme *Muriel's Wedding* und *Priscilla, Queen of the Desert* (beide 1994). Inzwischen, so Walters, sei ABBA zu einer Blaupause für »den Glanz unzähliger schwuler und schwulenfreundlicher« Popstars geworden. Und während Stars wie Madonna in der Szene polarisierten, könnten sich »fast alle Farben des schwulen Regenbogens« auf ABBA einigen. In einem Interview mit der *Gay Times* hat Björn Ulvaeus 2019 gesagt, er sei stolz, dass ABBA bei Schwulen so beliebt sei, und diese hätten durch ihre Verehrung letztlich sogar den Weg für ABBAs Comeback mit bereitet.

akribischen Kochen und Putzen in Erwartung des Geliebten zeigt, endet die Geschichte mit einem Blick aus dem Fenster, der diesen Geliebten bei der Hochzeit mit einer Frau zeigt. Damit wird die Notsituation des lyrischen Ichs in einen ganz anderen Kontext gestellt, der die Frage aufwirft, ob der Geliebte womöglich nur aus Konvention die Frau heiratet und sich kein Coming-out traut.

Die australischen Tragikomödien *Priscilla, Queen of the Desert* (1994) und *Muriel's Wedding* (1994), die beide auf affirmative und zugleich parodistische Weise Lieder von ABBA in die

Filmhandlung einbauen, haben ihrerseits viel dazu beigetragen, ABBAS Camp-Image zu verstärken und für weitere und neue Beliebtheit der Gruppe in der LGBTQ-Community gesorgt.

Den wenigen produktiven, mehrdeutigen und hintersinnigen Anverwandlungen von ABBA-Musik steht allerdings eine Vielzahl einfach nur alberner oder schlicht dummer gegenüber, wie sich nicht nur in der professionellen Popmusik, sondern fortlaufend auch durch Laienparodien in sozialen Medien erweist. Die Anfang der 1980er Jahre populäre englische Sketchsendung *Not the Nine O'Clock News* mit dem später als Mr. Bean erfolgreichen Rowan Atkinson etwa erkannte, dass den Musikvideos von ABBA (also denen von Lasse Hallström), etwa in den ernsten, in Nahaufnahme gezeigten Gesichtern und dem Voreinanderstehen entzweiter Liebespartner, an sich schon etwas Parodistisches innewohnt. Dies mit den Mitteln des Slapsticks noch zu übertreiben, wirkt aber wie Eulen nach Athen zu tragen: Das Original ist hier, bedingt durch ABBAS schon beschriebene ausgestellte Künstlichkeit, witziger als die Verulkung. Die treibt noch ganz andere Blüten: Bei Didi Hallervordens »Super Trouper«-Adaption von 1981, die mit der Hookline »Super Dudler, keiner dudelt feiner« das ABBA-Lied einem auf Denglisch singenden schottischen Dudelsackspieler in den Mund legt, weiß man nicht, ob man lachen oder weinen soll, und die 1989 überaus erfolgreiche »S. O. S.«-Parodie »Edelweiß« der gleichnamigen österreichischen Gruppe gehört gewiss zum Blödesten, was deutschsprachige Popmusik je hervorgebracht hat.

Eine interessante Frage ist, inwiefern man auch das ABBA-Musical *Mamma Mia!* (Uraufführung 1999) und seine Verfilmungen (Teil eins: 2008, Teil zwei: 2018), die auf dem Musicallibretto der britischen Autorin Catherine Johnson beruhen, als Parodien begreifen kann – oder zumindest als produktive allegorische Auslegungen des ABBA-Gesamtstoffes aus Liedern und Leben. Die Einbettung der ABBA-Songs in die Erzählung von einer alleinerziehenden Mutter, die auf einer griechischen Insel eine Taverne betreibt, ließe sich ja bereits als eine Art traumhafter Verschiebung der Privat- und Bandgeschichte deuten, die Viggsö vom Schärengarten ins ägäische Meer verlegt und zum Beispiel durch Meryl Streeps Interpretation von »The Winner Takes It All« die Empowerment-Geschichte der ABBA-Sängerinnen fortschreibt und zu einem Höhepunkt bringt.

Ulvaeus und Andersson, die sonst notorisch skeptisch gegenüber Coverversionen ihrer Songs sind, auch nur auszugsweisen, zeigten sich angesichts des Musicals und der Filme zufrieden. (Für das Musical hatten zunächst auch ganz andere Ideen, angeblich sogar die einer Adaption als Tierfabel, im Raum gestanden – wer das für verrückt hält, hat vielleicht noch nicht gesehen, wie im Film *Mamma Mia!* eine Armada englischer und amerikanischer Schauspielerinnen und Schauspieler die griechische Insel mit Klamauk überzieht und Pierce Brosnan versucht, »When All Is Said and Done« zu singen.)

Dass gerade die Musikvideos von ABBA einerseits als Pionierleistungen des Genres angesehen werden, andererseits oft zum Ziel des Spotts geworden sind, ist der Band selbst nicht entgangen. Um auch diesem produktiv zu begegnen, ließ sie sich 2004 auf den Vorschlag des Regisseurs Calle Åstrand ein, einen parodistischen Kurzfilm zu einer Art Comeback zu nutzen – nämlich in Gestalt von Puppen. *ABBA – The Last Video Ever* wurde in jenem Jahr im Rahmen des *Eurovision Song Contest* ausgestrahlt und erreichte somit dreißig Jahre nach dem »Waterloo«-Erfolg wieder ein Millionenpublikum – diesmal eines, dem die Bereitschaft der Band zur Selbstironie vorgeführt wurde, sofern man diese nicht schon beim Auftritt von 1974 unterstellen wollte. Die ABBA-Puppen im Stile der britischen Politparodie *Spitting Image* müssen in dem Film eine Art Casting durchlaufen und präsentieren *en passant* ein Medley ihrer größten Hits. Es ist die Art harmloser Parodie, die großen Erfolg garantiert – und sie liefert mit der Idee der ABBA-Puppen schon eine Vorahnung des viel größeren Unternehmens der Band noch einmal fast zwanzig Jahre später, das dann einige Kritikerinnen und Kritiker gar nicht mehr lustig fanden, während andere es für die Zukunft der Popmusik hielten: nämlich, sich schon zu Lebzeiten einen digitalen Klon zu erschaffen, um nicht mehr selbst auf der Bühne stehen zu müssen und es auch über den Tod hinaus noch virtuell zu können.

»Forever Young«?

Es ist Zeit, noch einmal genauer auf die Bilder von ABBA zurückzukommen – denn nicht nur die Musik, auch die Erscheinung der Band hat etwas Chamäleonhaftes. Obwohl inzwischen eindrückliche Bewegtbilder ins kollektive Gedächtnis eingegangen sind, waren es bis Anfang der 1980er vornehmlich Fotos, die auf der ganzen Welt ABBAs Image prägten: Standbilder auf den Titelseiten von Musik- und Gesellschaftsmagazinen, die jene schon beschriebene Mischung aus Tradition und Avantgarde mit einem Schuss Überdrehtheit festhielten oder auch versprachen, »ABBA ganz privat« zu zeigen. Denn neben dem Reiz der Musik ging ja immer auch ein großer Reiz von der Frage aus, wie es um die Beziehungen, um die Ehen der beiden Paare stand. Selten hat wohl die Deutung von Songtexten sich so stark mit der konkreten Vorstellung der Lebenssituation derjenigen verbunden, die die Songs geschrieben und gesungen haben. In Deutschland etwa half die *Bravo* bei derlei Spekulationen fleißig mit und somit auch dabei, die Aufmerksamkeit für die Band nie erlöschen zu lassen.

Mit ihren stets wechselnden Kostümen sendeten die vier sehr unterschiedliche, teils verwirrende Botschaften: Waren sie die braven Nordlichter aus der Folktradition, die Männer

Ganz weit vorn: Auftritt in den legendären Katzenkleidern, 1975

mit gemütlichen Bärten und Strickjacken oder Pullundern, die
Frauen in biederen Blusen und mit gesundem Engelshaar, das
glänzend genug für jede Shampoowerbung war? Oder waren
sie verruchte Glamrocker in bunten Lacklederstiefeln mit ex-
travaganten Instrumenten – man denke an die sternförmige
E-Gitarre in Silber-Metallic, die Björn beim *Eurovision*-Auf-
tritt in Brighton 1974 spielte? Waren sie Karnevalisten, die, so
wie in ihrer Musik, auch bei ihrer visuellen Darstellung tief in
die Kiste der Formen und Stile griffen? Ein australisches Kind,
das in Hallströms ABBA-Film interviewt wird, gibt zu Protokoll, es möge die Band nicht: »They just wear too many clothes.«
Waren sie die modische Avantgarde, wie manche ihrer zur per-
fekten Quartettimpression durchdesignten Outfits nahelegen,

oder waren sie, man denke an die Katzenkleider, ein modischer Witz, »a stylistic nightmare«, wie Lucy O'Brien schreibt? Vielleicht auch alles zusammen: Der *Rolling Stone* nannte es einmal »sozialdemokratischen Glamrock-Chic«, was sich der Modemanager der Band ausdachte. Jener Owe Sandström ist angeblich Zoologe, Safariführer, Flamencotänzer und Florist. Das verwundert nicht, wenn man sich die unterschiedlichen ABBA-Kostüme ansieht, die er entworfen hat – von bestickten Kimonos bis zu bunten Spandexanzügen, von napoleonischen Uniformen bis zu den berüchtigten handbemalten Katzenkleidern. Und noch mal neu waren dann die Befreiungsoutfits der ABBA-Frauen.

Auf gewissen Bildern wirken ABBA fast wie Außerirdische. Das beste Foto, das je von ihnen gemacht wurde, jenes auf dem Albumcover von *Arrival* (1976), legt diese Möglichkeit nahe. Ganz in weiß gekleidet, sitzt die Band in einem Helikopter des Typs Bell 47 mit der charakteristischen, auch als »Goldfischglas« bezeichneten Plexiglaskabine, das letzte Sonnenlicht auf dem Flugfeld in Barkarby, nördlich von Stockholm, auf ihren Gesichtern. Die erleuchteten, etwas unwirklichen Figuren inmitten von elegant inszenierter moderner Technik könnten wohl gerade vom Mars eingeflogen sein. »They came flying from far away«, wie es in dem etwas später veröffentlichten Song »Eagle« heißt. Die bodenständigere Deutung lautet: Hier sind die vier, die ihr kennt, angekommen in der obersten Liga. Ganz in Weiß.

Denn 1976, zwei Jahre nach dem »Waterloo«-Erfolg, waren ABBA tatsächlich ganz oben, was sich auch in der opulenten Produktion und Ausstattung des Albums spiegelte. Die Fans der Frühzeit sahen in dem Bild einen Ausdruck der Distanzierung: Unerreichbar hinter einer Scheibe präsentierten sich

nun die einst so nahbaren Idole, die bis vor kurzem noch auf Sommer-Folkfestivals in der schwedischen Provinz im engen Kontakt mit dem Publikum gestanden hatten.

Die Spannung, die Gegensätze von Nahbarkeit und Distinktion, spiegeln auch viele andere Fotografien der Band aus den 1970er und frühen 1980er Jahren. Zu den beeindruckendsten Dokumenten zählen jene Bilder von Wolfgang ›Bubi‹ Heilemann, der ABBA über die Jahre immer wieder fotografieren durfte. In einem großformatigen prächtigen Kunstfotoband wird sichtbar, welche Verrenkungen (teils im Wortsinn) die Band für die Kamera gemacht hat, ob auf Fahrrädern oder bei Luftsprüngen. Das Besondere an diesen Aufnahmen ist, dass sie, so gestellt sie auch sein mögen, manchmal tatsächlich etwas sehr Authentisch-Unschuldiges ausstrahlen, gerade so, als schaute man hier wirklich zwei Ehepaaren dabei zu, wie sie essen, vom Einkaufen kommen oder im Sommer draußen auf einer Bank sitzen.

Für jene, die über die Fotos hinaus auch schon die Musikvideos der Band hatten sehen können, wird dieser Eindruck umso stärker entstanden sein. Da die Videos zunächst noch keine so große mediale Verbreitung gefunden hatten, war insbesondere der Kinofilm ABBA – *The Movie* 1977 eine große

Attraktion für die teils fanatischen Fans: weil er versprach, den Idolen näher zu kommen. Aber so richtig viel erfährt man in dem Film nicht über sie, er bleibt an der Oberfläche.

Nach der Trennung der Band 1982, die, auch wenn sie zunächst nur als »Pause« verbrämt wurde, mit jedem weiteren Jahr umso endgültiger erscheinen musste, waren Fans von ABBA für vier Jahrzehnte auf das zurückgeworfen, was die Band hinterlassen hatte an Ton, Bild und Text. So wurde, auch wenn die einzelnen Mitglieder weiter in der Öffentlichkeit auftraten und somit auch öffentlich alterten, das Bild der Band im Grunde schon damals konserviert.

ABBA Gold war eine weitere Konservierung und das Musical *Mamma Mia!* auf seine Weise auch. Die Veröffentlichung von *The Last Video* deutete eine fernere Entrückung von einem authentischen, ihr Alter zeigenden Bild der Band an. Trotz beständiger Wiedervereinigungsgerüchte, die durch spektakuläre Wiedervereinigungen anderer großer Bands noch mehr befeuert wurden, schienen ABBA an einer solchen Idee nicht interessiert. Einen teilweise schmerzhaften Eindruck, wie ihn zahlreiche Rockbands und besonders charakteristisch etwa der körperlich schwer gezeichnete Phil Collins auf seiner Abschiedstournee mit Genesis geboten haben (2022), einen Eindruck also, der für eine Art Alters- und Krankheitsaufrichtigkeit steht, wollten die Schwedinnen und Schweden nicht erzeugen. Umso erstaunter war die Weltöffentlichkeit, als sie nach fast vierzig Jahren Pause dann mit *Voyage* doch ein Reunionalbum ankündigten. Die Pressekonferenz erzeugte ein Bild, das für viele überraschend war: Auf einmal sah man die vier ABBA-Mitglieder als Greise.

Angesichts dessen kann einem eine gewitzte Analogie wieder einfallen, mit der der britische Popmusiker Jarvis Cocker einmal die Entwicklung von ABBA als Symptom einer viel größeren Entwicklung gedeutet hat: Der Rock 'n' Roll sei in den 1950ern »all about sex and teenage rebellion« gewesen, dann sei er erwachsen geworden mit den Beatles, und mit ABBA sei er in die verheiratete, gesetzte Phase eingetreten. Eine Rockmusik in der Phase der Senilität aber habe ihren Sinn verloren, so Cocker. Wenn das nun schon für ABBA in der frühen Phase gelten sollte, was würde es dann erst über die Greise besagen, die sich noch einmal aufraffen, um auf *Voyage* zu gehen?

Womit Cocker indes, als er den Ausspruch in einer Umfrage des Musikmagazins *Crack* tätigte, wohl noch nicht rechnete, war der neue Sinn, den ABBA sich mit der Veröffentlichung des Comebackalbums gaben: Damit einher ging die Mitteilung, in einer eigens dafür erbauten Arena in London werde ein millionenschweres Hightechprojekt auf den Weg gebracht, das ebenfalls unter dem Titel *Voyage* die musikalische Reise der Band in digitaler Simulation nachzeichnen und für die Nachwelt festhalten solle. Dem fortschreitenden Verfall anderer Popstars setzte ABBA die Konservierung einer ewigen Jugend entgegen, indem sie sich in Avatare ihres jüngeren Selbst verwandelten.

Interessanterweise hält Björn Ulvaeus eben dies für ein Statement gegen Altersdiskriminierung: »Wenn wir für etwas stehen, dann dafür, dass man im Alter noch etwas bewegen kann.« Viele Leute in seinem Alter würden einfach weggeschoben und keiner höre ihnen mehr zu, sagte der 77-Jährige Anfang 2023 im Gespräch zu diesem Buch. Es freue ihn, wenn ABBA »ein Symbol gegen diese Diskriminierung sein könnte«. Dass die Beweglichkeit des Alters sich allerdings nur noch prothetisch, ja, illusionär in Form digitaler Avatare aus der Mitte des Lebens zeigen soll, mögen viele auch fragwürdig finden.

Für die an ABBAS Bandgeschichte Interessierten kann es nicht unerheblich erscheinen, dass die Vorlagen für die ›Abbatare‹ aus dem Jahr 1979 stammen. Dieser Umstand erhält besondere Bedeutung, erinnert man sich an den ABBA-Hit »Happy New Year«, der vom letzten Abend jenes Jahres handelt und an diesem symbolisch vieles gleichzeitig zu Ende gehen sieht. Wenn man so will, war das Lied schon ein Abgesang. Carl Magnus Palm entdeckt in ABBAS Übergang in die 1980er den entscheidenden Knacks: Aus dem, was zuvor auf Liebe und Freundschaft gebaut war, sei damals für alle Beteiligten ein bloßer Job geworden. Das habe nicht mehr allzu lange gutgehen können. Der zuvor letzte Auftritt ABBAS mit einem nicht allzu inspiriert vorgetragenen »Thank You for the Music« in einer Fernsehshow im Dezember 1982 wäre allerdings kein würdiges Vermächtnis für diese Band gewesen. Also bemühte sie sich, ein anderes zu schaffen.

Wenn die Avatare nun die Physiognomie der Musikerinnen und Musiker von 1979 auf die Videowand beziehungsweise in den Raum der Londoner ABBA-Arena bringen, kann man das auch so verstehen, dass hier die Band auf ihrem Höhepunkt, quasi kurz vor dem Fall, eingefangen wird und fortan für immer in diesem Zustand verharren soll. Die mittels Elektroden den Körpern und Gesichtern der Bandmitglieder in Fleisch und Blut abgefühlten Bewegungsdaten ermöglichen es, die Computersimulationen ihrer früheren körperlichen Hüllen in verschiedene Kostüme zu stecken – potentiell natürlich auch an mehreren Orten der Welt zugleich, was wohl im Gespräch ist. Auch hier begegnet die folkloristische Einfachheit der Anfänge ABBAS ihrer späteren Progressivität, und zwar in hautengen schwarzen Anzügen mit Leuchträndern, die ein bisschen an den Science-Fiction-Film *Tron* (1982) erinnern: eine

The Way Old Friends Do: ABBA, 2022

Art Retrofuturismus, der vielleicht Nostalgie, vielleicht auch Schrecken beim Gedanken an einstige Zukunftsvisionen aufkommen lässt. Tatsächlich scheinen viele bereit, sich auf die Illusion des ABBA-Konzerts völlig einzulassen und daran teilzunehmen, als wäre es echt.

Der technische Aspekt der Avatarshow ist ebenfalls charakteristisch: Ausgerechnet in London, der Heimat des Wachsfigurenkabinetts Madame Tussauds, das über Jahrzehnte der Inbegriff der Konservierung von Stars und historischen Persönlichkeiten war und die vermeintlich höchste Stufe der Authentizität, wagt ABBA im hohen Alter noch einen Schritt in die digitale Gegenwart (auf einem Weg, der freilich von Avatarkonzerten wie jenen der Gorillaz um Damon Albarn schon vorgezeichnet war). Für die Band, die aus der Tiefe der Tradition in die Moderne und die Postmoderne vorgedrungen ist, scheint es ein konsequenter Schritt.

Ob das digitale Konzerterlebnis von *ABBA Voyage* am Ende noch Agatha Christies *The Mousetrap*, die derzeit am längsten ununterbrochen aufgeführte Theaterproduktion der Welt, überdauern wird? Dazu wäre es noch ein weiter Weg, denn das seit 1952 im Londoner Westend von echten Menschen gespielte Stück steuert dort inzwischen auf die dreißigtausendste Aufführung zu.

Die Abbatare, die derzeit bis zu zweimal täglich in London ihre Ewigkeitsshow aufführen, ohne je bei »Dancing Queen« einen falschen Tanzschritt zu machen oder bei »I Believe in Angels« einen Ton zu verfehlen, scheinen die Umsetzung fast aller Wünsche aus Bob Dylans Lied »Forever Young« zu garantieren – was zugleich wunderbar und etwas unheimlich wirkt: »May your hands always be busy / May your feet always be swift / May you have a strong foundation / When the winds of changes shift / May your heart always be joyful / May your song always be sung / And may you stay forever young«.

Playlists zum Buch

Bei meiner ersten ABBA-Playlist handelt es sich um kein reines Best-of. Sie können die Songs in jeder beliebigen Reihenfolge hören. Enthalten sind einige unverzichtbare Titel, die jeder sofort mit ABBA verbindet, einige vielleicht überraschende Stücke, die nicht oder zunächst nicht auf einem Album erschienen sind und dennoch besondere Qualitäten haben, sowie einige Stücke, auf die in diesem Band genauer eingegangen wird.

Für alle, die sich für ABBA besonders interessieren, gibt es dann noch eine zweite Playlist mit zwanzig Coverversionen, die ebenfalls nicht hierarchisch geordnet ist, aber umso mehr darauf angelegt, zu überraschen: etwa durch Transformationen der bekannten Hits zur Countrymusik, zum Jazz, zum Metal oder zum Choral.

Die Playlists zum Mithören finden Sie online unter https://www.reclam.de/abba bzw.

Lektüretipps

Andriote, John-Manuel: Hot Stuff. A Brief History of Disco. New York 2001.

Dallach, Christoph: Ein Strandhaus war ihre Hitfabrik – auf Kreativurlaub mit ABBA. In: Mare 129 (2018), S. 86–91.

Fältskog, Agnetha: As I Am. ABBA Before and Beyond. London 1997.

French, Karl: ABBA Unplugged. London 2004.

Hofacker, Ernst: Die 70er. Der Sound eines Jahrzehnts. Stuttgart 2020.

Krohn, Philipp / Löding, Ole: Sound of the Cities. Zürich/Berlin ²2016.

O'Brien, Lucy: She Bop. The Definitive History of Women in Rock, Pop and Soul. London 1995.

Oldham, Andrew / Calder, Tony / Irwin, Colin: ABBA: The Name of the Game. London 1995. (Auf Deutsch: Thank You for the Music. München 2000.)

Palm, Carl Magnus: Licht und Schatten. ABBA – Die wahre Geschichte. Berlin/London/Wien 2006.

– ABBA – Thank You for the Music. 50 Jahre schwedischer Popsound. Bielefeld 2022.

Reynolds, Simon: Retromania. Pop Culture's Addiction to its Own Past. London 2011. (Auf Deutsch: Retromania. Warum Pop nicht von seiner Vergangenheit lassen kann. Mainz 2012.)

Scott, Robert: ABBA – Thank You for the Music. Die Storys zu allen Songs. Hamburg 2011.

Sontag, Susan: Kunst und Antikunst. 24 literarische Analysen. Frankfurt a. M. 1982.

Thyrén, David: The Alternative Eurovision Song Contest in Sweden 1975. In: Tania Ørum / Jesper Olsson (Hrsg.): A Cultural History of the Avant-Garde in the Nordic Countries 1950–1975. Leiden/Boston 2016, S. 831–40.

Tonnon, Frédéric / Garau, Marisa: ABBA – Ihre ganze Geschichte. Berlin 2005.

Winzer, Jürgen: ABBA. Populäre Irrtümer und andere Wahrheiten. We Still Have Faith in You. Essen 2022.

Wiele, Jan: »Ich stehe jeden Morgen neugierig auf.« Interview mit Björn Ulvaeus. In: Frankfurter Allgemeine Zeitung, 18. 1. 2023.

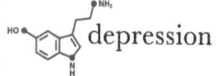